AF346640

COURS DE GÉOGRAPHIE

NANCY. — IMPRIMERIE BERGER-LEVRAULT ET Cie.

COURS

DE

GÉOGRAPHIE

EN VINGT-QUATRE SÉANCES

PAR

ÉMILE CHEVALET

4e Édition, revue et corrigée

PARIS

BERGER-LEVRAULT & Cie, LIBRAIRES-ÉDITEURS

5, rue des Beaux-Arts

MÊME MAISON A NANCY

1877

AVERTISSEMENT

Presque toute la science géographique consiste à savoir interroger la sphère et les cartes géographiques.

Le professeur devra donc s'appliquer à initier les élèves à cette étude, et leur faire dessiner au tableau, ou sur le papier, les contours des pays qui feront l'objet de la leçon.

Quant aux élèves qui étudieront seuls dans le livre, c'est principalement à la lecture des cartes qu'ils devront s'appliquer. Les cartes jointes au présent volume sont au nombre de dix-huit, et dispensent de recourir à l'emploi d'un atlas.

Il importe de faire concorder les connaissances historiques avec celles de la géographie, c'est-à-dire qu'il est essentiel de bien étudier, à l'aide des cartes, la contrée dans laquelle se sont passés les événements racontés dans le *Cours d'histoire*.

Une séance supplémentaire de topographie termine ce Cours. On y a annexé un modèle de levé irrégulier, avec les signes conventionnels adoptés par le Dépôt de la guerre.

COURS

DE GÉOGRAPHIE

PREMIÈRE SÉANCE.

Définitions de la géographie. — Notions élémentaires sur le système
des mondes. — La terre satellite du soleil. — Forme de la terre,
ses dimensions, sa surface.

Le mot *géographie* veut dire littéralement la description de la terre, qui est le patrimoine commun
de l'humanité, et que nous avons par conséquent
un grand intérêt à connaître le mieux possible. Pour
comprendre l'histoire, il est indispensable de prendre
la géographie pour guide.

On peut considérer l'étude de la terre sous trois
aspects différents :

1° Comme globe céleste, c'est-à-dire dans ses rapports avec les autres globes lumineux ou obscurs,

fixes ou errants, qui sont placés comme elle dans l'espace incommensurable, et relativement à sa situation dans le système planétaire ; c'est ce que l'on nomme la *cosmographie;* 2° comme configuration, en s'occupant spécialement des diverses parties dont est composé le globe terrestre ; continents, chaînes de montagnes, îles, caps, mers, golfes, détroits, lacs, cours d'eau, production, climat ; c'est la *géographie physique;* 3° enfin sous le rapport des divisions conventionnelles que les hommes ont établies, empires, républiques, royaumes, villes, canaux, ports de mer, chemins de fer, et tout ce qui a trait à leur industrie, à leur condition civile, religieuse, historique ; c'est ce que l'on nomme la *géographie politique.*

NOTIONS TRÈS-ÉLÉMENTAIRES DE COSMOGRAPHIE.

Il faut nous garder de croire que tous les phénomènes célestes soient réellement tels qu'ils nous apparaissent: ainsi d'abord, parmi les astres qui brillent aux yeux, si plusieurs sont lumineux par eux-mêmes, comme les *étoiles,* les autres, sans être plus lumineux que notre terre, ne font que recevoir la lumière et la réfléchir; il est ainsi de toutes les planètes.

Une étoile est fixe et ne se transporte point dans l'espace.

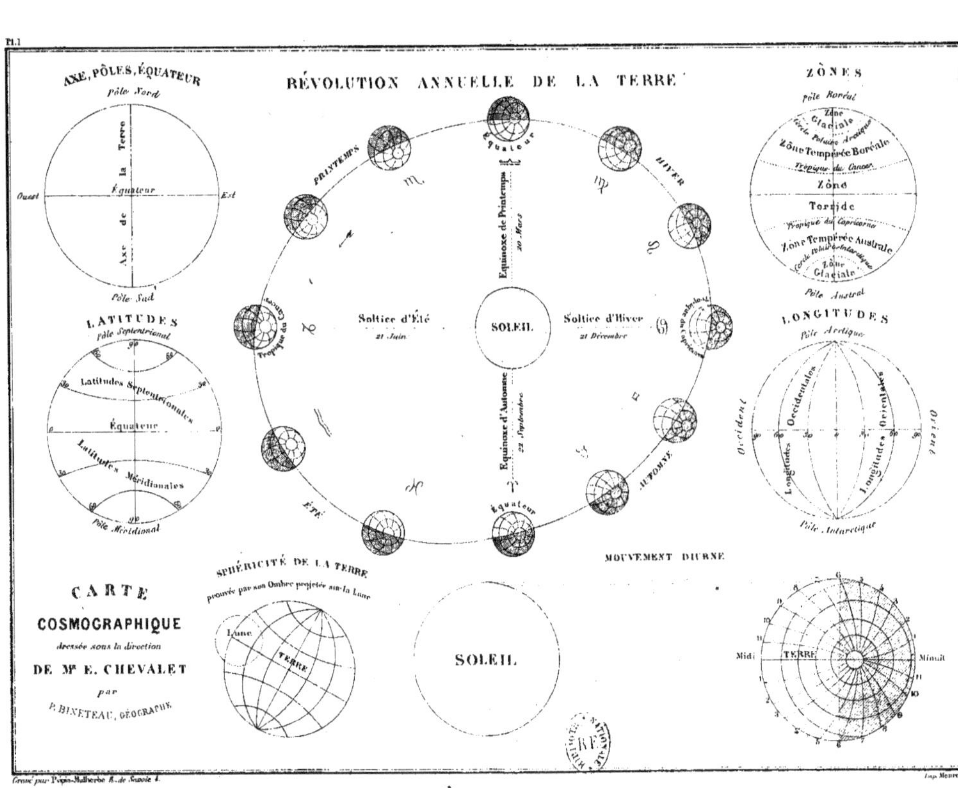
AXE, PÔLES, ÉQUATEUR
Pôle Nord
la Terre
Ouest
Équateur
Est
Axe de
Pôle Sud
LATITUDES
Pôle Septentrional
Latitudes Septentrionales
Équateur
Latitudes Méridionales
Pôle Méridional
RÉVOLUTION ANNUELLE DE LA TERRE
PRINTEMPS
Équateur
HIVER
Équinoxe de Printemps
20 Mars
Tropique du Cancer
Soltice d'Été
21 Juin
SOLEIL
Soltice d'Hiver
21 Décembre
Tropique du Capricorne
Équinoxe d'Automne
22 Septembre
ÉTÉ
Équateur
AUTOMNE
ZÔNES
Pôle Boréal
Zône Glaciale
Cercle Polaire Arctique
Zône Tempérée Boréale
Tropique du Cancer
Zône Torride
Tropique du Capricorne
Zône Tempérée Australe
Cercle Polaire Antarctique
Zône Glaciale
Pôle Austral
LONGITUDES
Pôle Arctique
Occident
Longitudes Occidentales
Longitudes Orientales
Orient
Pôle Antarctique
MOUVEMENT DIURNE
SPHÉRICITÉ DE LA TERRE
prouvée par son Ombre projetée sur la Lune
Lune
TERRE
SOLEIL
Midi
TERRE
Minuit
CARTE
COSMOGRAPHIQUE
dressée sous la direction
DE Mr E. CHEVALET
par
P. BINETEAU, GÉOGRAPHE

Le soleil, qui paraît tourner autour de la terre, est pourtant une étoile fixe.

Les planètes ont un double mouvement; elles tournent sur elles-mêmes, et en même temps elles se meuvent autour du soleil. L'*orbite* des planètes est la courbe qu'elles décrivent dans ce dernier mouvement.

Lorsqu'une planète tourne autour d'une autre planète, elle est le *satellite* de la planète principale : ainsi, la lune qui tourne autour de la terre est satellite de celle-ci.

Il est encore d'autres astres nommés *comètes,* qui exécutent aussi des mouvements de translation autour du soleil, mais leurs orbites sont extrêmement allongées, et l'on ignore si toutes les comètes doivent reprendre la route qu'elles ont déjà suivie. Dans l'enfance de l'astronomie, les comètes furent pour les peuples des sujets de terreur, mais les progrès de la science ont fait rentrer leur apparition dans la classe des phénomènes ordinaires. Déjà plusieurs centaines de comètes ont été observées, et l'on a même pu prédire à coup sûr le retour de quelques-unes.

Les constellations sont des groupes d'étoiles fixes dont la connaissance est d'une grande utilité pour les observations astronomiques. Douze de ces constellations disposées en zone dans le ciel, constituent le *zodiaque,* mot dérivé du grec qui signifie *animal,* parce que presque tous ses signes portent le nom d'un animal.

Voici les noms de ces douze signes et les caractères dont on se sert pour les représenter :

♈	Le Bélier, correspondant au mois de mars.		
♉	Le Taureau,	—	— avril.
♊	Les Gémeaux,	—	— mai.
♋	Le Cancer,	—	— juin.
♌	Le Lion,	—	— juillet.
♍	La Vierge,	—	— août.
♎	La Balance,	—	— septembre.
♏	Le Scorpion,	—	— octobre.
♐	Le Sagittaire,	—	— novembre.
♑	Le Capricorne,	—	— décembre.
♒	Le Verseau,	—	— janvier.
♓	Les Poissons,	—	— février.

Le soleil, lumineux par lui-même, comme les autres étoiles fixes, darde ses rayons de toutes parts dans l'immensité des cieux. Il donne aux planètes la lumière et la chaleur.

D'après les connaissances actuelles, les planètes sont au nombre de douze principales qui circulent continuellement dans les ellipses, ou cercles allongés, au foyer desquelles se trouve le centre du soleil. Voici l'énumération de ces planètes dans l'ordre de leur distance au soleil : Mercure, Vénus, la Terre, Mars, Vesta, Junon, Cérès, Pallas, Jupiter, Saturne, Uranus, Neptune.

Quatre planètes sont pourvues de satellites, ce sont : la Terre, Jupiter, Saturne et Uranus. Jupiter a quatre satellites, Uranus en a six, Saturne sept ; la Terre n'en a qu'un seul, la Lune.

Les planètes ont un grand nombre de propriétés communes, ce qui peut faire supposer que, puisque l'une d'elles, la terre, est habitée, les autres peuvent bien l'être aussi.

La terre est éloignée du soleil de plus de 34,500,000 lieues, et elle exécute son mouvement de translation autour de cet astre en 365 jours un quart, ce qui fixe la durée de notre année. Pendant que la terre tourne ainsi une fois autour du soleil, elle fait 365 rotations sur elle-même; ces 365 rotations se font autour de l'axe de la terre qui demeure toujours parallèle à lui-même.

Au premier abord, on a de la peine à s'imaginer que la terre tourne autour du soleil. Qui se voit, en effet, changer de place? qui ne croit chaque matin se trouver où il s'était couché la veille? C'est que la terre marche et s'avance tout entière. On peut comparer ce phénomène à ce qui arrive au navigateur: une personne s'endort en bateau; à son réveil elle se trouvera, relativement au bateau, dans la position qu'elle avait lorsqu'elle s'est endormie, mais la position du bateau est changée par rapport au rivage. Pour la terre, les étoiles fixes sont le rivage. Si la terre ne changeait pas de place, le soleil devrait toujours correspondre dans le ciel aux mêmes étoiles fixes. Il n'en est rien cependant: le lendemain le soleil ne semble plus voisin des étoiles dont il était proche la veille: la terre a donc avancé comme le bateau le long du rivage ; notre globe faisant sa révolution en un an autour du soleil, on voit, en l'espace d'un an, ce dernier correspondre successivement aux diverses constellations qui forment le cercle entier du zodiaque.

Les deux mouvements divers que nous connaissons à la terre ne sauraient être mieux comparés qu'à ceux qu'exécuterait une boule lancée d'un bout d'une allée à l'autre. Cette boule aurait deux mouvements ; elle courrait le long de l'allée, et en même temps elle tournerait continuellement sur elle-même de haut en bas. Ainsi en est-il de la terre : le dernier mouvement qu'elle exécute en vingt-quatre heures détermine les phénomènes du jour et de la nuit, tandis que c'est au premier que sont dus les phénomènes des mois et des saisons.

La terre est composée en grande partie de substances qui portent l'empreinte d'antiques décompositions, et la légère couche fertile qui la recouvre cache une infinité de débris. Tout cet assemblage a une forme à peu près sphérique, mais aplatie légèrement aux pôles, et renflée à l'équateur.

La forme sphérique de la terre est à peine altérée par les saillies que forment les plus hautes montagnes ; elles sont à la terre ce que sont les rides d'une orange à la petite sphère que ce fruit représente.

On a longtemps ignoré la forme ronde de la terre ; beaucoup la regardaient comme un vaste plateau, au-dessus et au-dessous duquel passaient alternativement les astres. Cependant il est facile de s'assurer, sans aucun instrument particulier, de la rotondité de notre planète, ne fût-ce que par la forme circulaire de l'horizon, et par le simple examen des éclipses de lune causées par l'ombre que fait la terre sur son satellite : cette ombre étant ronde, il faut que la terre le soit aussi. Voici pourtant une preuve plus concluante et à la portée de tous : lorsque, placé au milieu d'une plaine, on s'avance vers un objet élevé et situé dans le lointain, à mesure que l'on s'en approche, on découvre d'abord le sommet, puis le corps; enfin le bas apparaît à son tour. Si la terre n'était pas ronde, dès que l'objet serait à portée de la vue, on le verrait petit sans doute, mais toujours dans son entier. En mer, lorsqu'un vaisseau s'avance, ce sont d'abord les sommets des mâts que l'on aperçoit, puis les hunes, puis les voiles, puis enfin tout le vaisseau.

Ainsi non-seulement la terre est ronde, mais encore les mers qui l'environnent partagent avec elle cette forme sphérique.

La circonférence de notre globe est de 9,000 lieues; sa surface est d'environ 25,694,240 lieues carrées, dont l'eau occupe les deux tiers.

La terre est entourée d'une atmosphère d'une vingtaine de lieues de hauteur. Le gaz que nous respirons est de moins en moins épais, ou, selon l'expression des physiciens, de moins en moins dense, à mesure que ses couches sont plus éloignées de la surface du globe. La pression qu'il exerce à la surface des mers empêche les eaux de se réduire trop rapidement en vapeur.

Les couches d'air sont incolores lorsqu'elles sont peu épaisses; mais les rayons du soleil, réfléchis à la fois dans toutes les couches de l'atmosphère, lui communiquent une couleur bleu d'azur.

DEUXIÈME SÉANCE.

Axe. — Pôles. — Équateur. — Tropiques. — Méridiens et parallèles. — Zones.

Pour l'étude de la géographie, on représente la terre par une machine ronde qu'on appelle *sphère* ou *globe artificiel*. On y figure les parties de la terre, les contrées principales que renferme chaque partie, les îles, les mers, qui environnent les terres; on y trouve aussi des cercles qui n'existent pas réellement sur la terre, mais qui sont nécessaires pour mesurer les distances et marquer les rapports et la correspondance de toutes les parties de la terre avec celles du ciel.

On appelle *axe* une ligne qui traverse la terre et autour de laquelle elle tourne comme une roue autour de son essieu. Cet axe est représenté dans une sphère par un fil de fer qui passe dans l'intérieur et sort aux deux extrémités.

Les pôles sont les deux extrémités de l'axe. Pour distinguer les pôles l'un de l'autre, on a recours aux étoiles. Ainsi, dans la constellation de la petite Ourse, il y a une étoile très-voisine d'un des pôles, appelée pour cette raison étoile polaire. Le pôle qui regarde la constellation de la petite Ourse est dit pôle arctique ou pôle de l'Ourse; le pôle opposé se nomme pôle antarctique. Le pôle arctique s'appelle aussi pôle boréal ou septentrional ou pôle nord; le pôle antarctique est appelé indifféremment pôle austral, pôle sud ou pôle du midi.

On appelle *points cardinaux* quatre points principaux du globe, qui servent à déterminer un grand nombre de points intermédiaires. Chacun des pôles nous offre un de ces points. Le pôle arctique marque le *septentrion* ou *nord*, le pôle antarctique marque le *midi* ou *sud*. Les deux autres points sont l'*est*, également nommé *orient* ou *levant*, et l'*ouest* qu'on appelle aussi *occident* ou *couchant*. Les points cardinaux servent à déterminer la position des différentes parties de la terre, les unes à l'égard des autres.

L'étude de la géographie par le moyen de la sphère est nécessairement bornée, en raison du peu de superficie de ces globes, qui ne permet pas de multiplier les détails. Nous nous bornerons donc à des notions concises sur les différentes figures qui s'y trouvent placées ; l'équateur, les tropiques, les méridiens et parallèles et les zones.

Le grand cercle qui est au milieu du globe et le partage en deux parties égales s'appelle *équateur*. On donne aussi à sa circonférence le nom de *ligne équinoxiale*, parce que les jours sont égaux aux nuits, c'est-à-dire qu'il y a équinoxe dans toute la terre, excepté aux pôles, lorsque le soleil *paraît* parcourir dans le ciel un cercle qui répond à celui que l'on suppose exister sur la terre : ce qui arrive le 20 mars et le 22 septembre.

Les marins appellent l'équateur simplement *la ligne*.

400 degrés sont marqués sur l'équateur. Chaque degré valant 100 kilomètres, on peut connaître la circonférence de la terre à l'équateur, en multipliant 400 par 100, ce qui donne 40,000 ; le circuit de la terre est donc de 40,000 kilomètres. Il en résulte que le mètre est une mesure authentiquement déterminée, puisqu'il est une partie connue de la circonférence terrestre qui ne varie pas.

L'équateur, en coupant le globe en deux parties égales, est éloigné de chaque pôle de 100 degrés de 100 kilomètres chacun, par conséquent de 10,000 kilomètres, d'où il résulte que la distance d'un pôle à l'autre est de 20,000 kilomètres.

Une autre division de la terre est celle qui la partage en degrés de *latitude* et en degrés de *longitude*.

L'étude de cette division est d'une très-grande importance, car si l'on veut déterminer exactement la position d'un lieu sur la terre, il faut connaître sa latitude ou sa distance à l'équateur, et sa longitude ou sa distance à un méridien fixe qu'on nomme premier méridien.

Dix cercles sont tracés à égale distance au-dessus de l'équateur jusqu'au pôle arctique, et dix le sont au-dessous jusqu'au pôle antarctique. On les nomme *parallèles* (plans tracés à égale distance d'un autre plan dans toute son étendue), parce qu'ils sont tracés dans le même sens que l'équateur et également éloignés entre eux dans tous les points.

On voit sur les globes des lignes qui vont d'un pôle à l'autre, et qui, réunies avec celles qui leur sont opposées, forment des cercles qui coupent le globe en deux parties égales. Ces cercles se nomment *méridiens*, parce qu'il est midi pour tous les peuples qui sont sous chacune de ces lignes lorsque le soleil y passe par son mouvement diurne. Il est facile de se rendre compte que, lorsqu'il est midi sous une de ces lignes, il doit être minuit sous la ligne opposée.

Chaque point de la superficie du globe terrestre a son méridien, et l'on ne peut faire un pas en marchant d'orient en occident, ou d'occident en orient, sans changer de méridien. On est dans l'usage de ne marquer que quarante méridiens sur les globes. Ils sont éloignés l'un de l'autre de 10 degrés, et, comptés sur l'équateur, forment les 400 degrés qui partagent la circonférence de l'équateur.

Nécessairement, les parallèles coupent également les méridiens de 10 en 10 degrés, et l'on se sert de ces lignes pour marquer la distance qu'il y a de l'équateur à un lieu déterminé. Tous les lieux qui sont sous le même parallèle, étant également éloignés de l'équateur, ont la même latitude. Un point de la terre, situé sous l'équateur, n'a pas de latitude, puisque la latitude se compte de l'équateur au pôle.

Si l'on ne connaît que la latitude d'un lieu, on saura qu'il est à tant de degrés de l'équateur, mais on ne saura pas dans quelle partie du monde il est situé, puisque tous les lieux qui sont sous le même parallèle ont la même latitude; il est donc nécessaire que l'on connaisse en même temps sa longitude pour déterminer sa position.

En disant que Paris est entre le 54ᵉ et le 55ᵉ degré de latitude septentrionale, on trouve bien le parallèle sous lequel il est placé, mais on ne sait pas encore si Paris est dans la Tartarie chinoise ou dans le Canada, qui ont absolument la même latitude. Mais lorsqu'on ajoute que Paris est sous le premier méridien, il faut chercher ce premier méridien, le suivre depuis l'équateur jusqu'entre le 54ᵉ et le 55ᵉ degré de latitude septentrionale, et l'on rencontre la position de Paris. Il en est de même de tous les lieux de la terre dont on veut connaître la position.

C'est par les latitudes et les longitudes que l'on connaît les *antipodes*. Ce nom indique les habitants de la terre qui sont sur des parallèles et des méridiens directement opposés. Nous sommes à cet égard pour ces peuples ce que ces peuples sont pour nous. Les antipodes de Paris sont dans la mer du Sud, près de la Nouvelle-Zélande.

Les *tropiques* sont deux cercles parallèles à l'équateur, comme ceux qui marquent les degrés de latitude, et placés, l'un au-dessus, l'autre au-dessous, chacun à une distance égale et qui est d'un peu plus de 23 degrés. L'un, situé dans l'hémisphère boréal, s'appelle *tropique du Cancer;* l'autre, situé dans l'hémisphère méridional, se nomme *tropique du Capricorne*. Ces cercles sont appelés *tropiques*, d'un mot grec qui signifie *tourner*, parce que le soleil, y étant arrivé, ne les dépasse pas, mais semble s'y arrêter pour retourner ensuite vers l'équateur. Lorsqu'il se trouve au tropique du Cancer, vers le 23 juin, c'est alors pour nous le *solstice d'été* et le plus long jour de l'année; lorsqu'il se trouve au tropique du Capricorne, vers le 22 décembre, c'est le *solstice d'hiver*, et nous avons le jour le plus court de l'année.

Relativement à la température, le globe terrestre est encore divisé en cinq bandes circulaires et parallèles à l'équateur, et dont les intervalles sont appelés zones.

Il y a la zone torride, les zones tempérées et les zones glaciales.

La zone torride est au milieu du globe ; elle occupe 45 degrés ou 1,175 lieues de largeur ; les zones glaciales s'étendent chacune sur une largeur de 23 degrés et demi, à partir du pôle. Les deux zones tempérées, situées entre la zone torride et les deux zones glaciales, occupent la plus grande partie du globe ; elles ont chacune 43 degrés ou 1,075 lieues de largeur, et tandis que la zone torride et les zones glaciales ont un été ou un hiver presque perpétuel, les zones tempérées seules ont quatre saisons plus ou moins distinctes.

TROISIÈME SÉANCE.

Études sur la sphère terrestre. — Ses dimensions. — Son volume. — Indication des grandes divisions du globe terrestre. — Terres. — Mers. — Lacs. — Montagnes principales.

NOTA. — Ainsi que le programme l'indique, le professeur appellera quelques élèves auprès d'une sphère, et leur fera, sur les points qui font l'objet de la séance précédente, des interrogations auxquelles il devra être répondu, non de mémoire, mais par des indications raisonnées, et en montrant sur la sphère les objets auxquels se rattachent les questions. — A défaut de sphère, les indications seront données sur une mappe-monde.

En jetant les yeux sur la sphère qui représente en petit la configuration du globe terrestre, on s'aperçoit que cette immense étendue se divise naturellement en deux parties distinctes: la terre et les eaux. La terre et l'eau se subdivisent en diverses parties qui

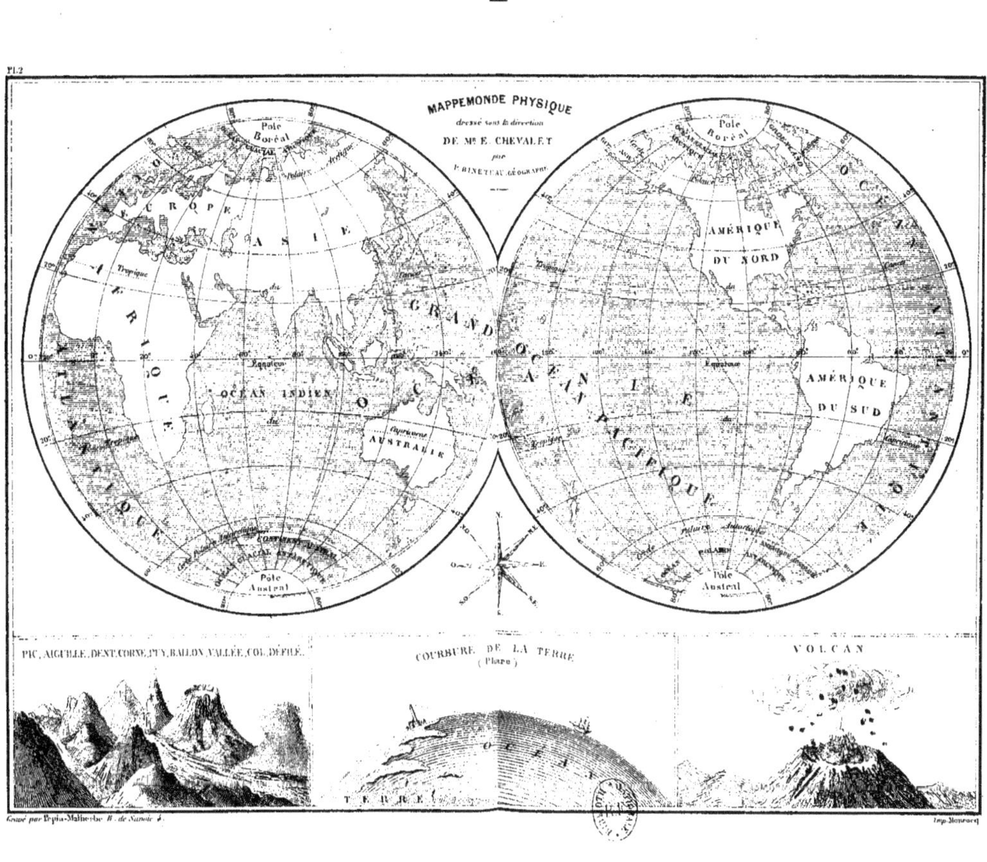

Pl.2
MAPPEMONDE PHYSIQUE
dressé sous la direction
DE M.r E. CHEVALET
par
P. BINETEAU, GÉOGRAPHE
Pôle Boréal
Pôle Boréal
EUROPE
ASIE
AFRIQUE
OCÉAN INDIEN
AUSTRALIE
GRAND OCÉAN
OCÉAN ATLANTIQUE
Tropique
Équateur
AMÉRIQUE DU NORD
AMÉRIQUE DU SUD
OCÉAN PACIFIQUE
OCÉAN ATLANTIQUE
Pôle Austral
Pôle Austral
N.
S.
E.
O.
PIC, AIGUILLE, DENT, CORNE, PUY, BALLON, VALLÉE, COL, DÉFILÉ
COURBURE DE LA TERRE
(Plaine)
OCÉAN
TERRE
VOLCAN
Gravé par Pepin-Malherbe R. de Savoie 4
Imp. Monrocq

reçoivent des noms différents dont nous allons donner la nomenclature.

On appelle *continent* une vaste étendue de terre non interrompue par la mer. L'Europe, l'Asie, l'Afrique, l'Amérique, l'Australie, sont des continents.

Une *île* est une portion de terre moins considérable qu'un continent, et entourée d'eau de toutes parts. L'Angleterre, l'Irlande, la Corse, la Sardaigne, pour ne pas sortir de l'Europe, sont des îles.

Lorsque plusieurs îles se trouvent placées fort près les unes des autres, elles se désignent sous le nom de *groupe,* et lorsqu'elles couvrent un espace de mer assez considérable, sous celui d'*archipel.*

Une *presqu'île* ou *péninsule* est une portion de terre environnée d'eau de tous côtés, à l'exception d'un seul par lequel elle tient au continent. On donne le nom d'*isthme* à la langue de terre qui est resserrée entre deux mers. L'Espagne et le Portugal, la Suède et la Norvége, l'Italie, la Crimée, sont des presqu'îles.

Un *cap* ou *promontoire* est une pointe de terre élevée qui s'avance dans la mer.

Une *montagne* ou *mont* est une masse considérable de terre ou de rochers qui fait saillie sur la surface du globe. Une suite non interrompue de ces éminences s'appelle *chaîne de montagnes.* Isolée et conique, la montagne prend le nom de *pic,* de *piton* ou de *puy.* Une *colline,* un *coteau* ou un *tertre,* est une montagne de peu d'élévation.

Le *volcan* est une montagne qui lance, par une ouverture nommée *cratère*, une matière embrasée et liquide dite *lave*. Le centre de la terre étant supposé en ignition par les géologues, les volcans sont considérés comme des soupiraux qui communiquent avec lui. Les tremblements de terre précèdent ou accompagnent souvent les éruptions de volcans.

Les *plaines* sont de vastes espaces de terre dont la cohésion plus ou moins homogène est la première cause de la fertilité du sol. Les plaines sablonneuses de la Russie et du nord de l'Asie se nomment *steppes* ; celles de l'Amérique du Nord *savanes*, celles du Sud *pampas*. Les plaines de sable de l'Afrique se nomment *déserts* ; elles sont interrompues à de longues distances par de petites portions de terre protégées par des monticules contre les vents et les sables ; on les désigne sous le nom d'*oasis* ; ce sont comme des îlots de verdure semés çà et là pour ranimer les forces et le courage des voyageurs qui ont à traverser les mornes solitudes du désert.

OCÉAN : *Ses grandes divisions.* — L'immense nappe d'eau salée qui, sous le nom général d'*Océan*, enveloppe les différentes parties du globe, couvre environ les *deux tiers de sa surface.* On le divise en cinq grandes parties :

1° L'*Océan glacial Arctique* ou *Boréal* ;

2° L'*Océan glacial Antarctique* ou *Austral* ;

3° Le *Grand Océan,* ou *Océan Pacifique,* ou *mer du Sud* ;

4° *L'Océan Indien;*

5° *L'Océan Atlantique.*

L'Océan est sujet à un mouvement périodique de va-et-vient, deux fois en vingt-quatre heures quarante-huit minutes, qu'on nomme le flux et le reflux. On appelle *mers intérieures* ou *méditerranées* les portions de l'Océan qui pénètrent dans l'intérieur des continents, la *mer du Nord,* la *mer Baltique,* la *mer Noire,* la *mer Méditerranée,* etc.

On donne le nom de *golfe* ou de *baie,* de *rade* ou d'*anse* à une partie de mer qui pénètre les côtes, sans entrer profondément dans les terres comme les mers intérieures: *golfe de Gascogne, golfe du Lion,* etc., etc.

Un *port* est ordinairement une petite baie que le travail des hommes a rendue propre à offrir un asile aux vaisseaux; un port s'appelle aussi *havre* quand il a peu d'étendue, et **crique** quand il ne peut recevoir que de très-petits bâtiments.

Un *détroit* est une portion de mer resserrée entre deux terres, et qui fait communiquer ensemble deux mers. Il prend, dans certains cas particuliers, les noms de *pas, passe, canal, phare, pertuis, bosphore* et *manche.*

Un *lac* est une grande étendue d'eau, ordinairement douce, qui ne communique avec la mer que par des rivières qui la traversent ou en découlent: quelques lacs n'ont même aucune communication apparente avec la mer. Lorsqu'un lac est très-petit, on l'appelle *étang*. Il y a quelques lacs d'eau salée d'une si grande étendue, qu'on leur donne le nom de mer, comme la mer Caspienne et la mer d'Aral en Asie.

Un *fleuve* est un cours d'eau qui se jette dans la mer. Une rivière est un cours d'eau qui se rend dans une autre rivière ou dans un fleuve. La *source* est l'endroit où le fleuve ou la rivière sort de terre. L'endroit où une rivière se réunit à l'autre se nomme *confluent*. L'*embouchure* est l'endroit où un fleuve se jette dans la mer. La *rive droite* d'une rivière est le bord situé à la droite d'une personne qui descend le cours d'eau ; la *rive gauche* est celle qui est opposée à la première. Le *haut* d'une rivière est l'endroit le plus rapproché de la source, et le *bas*, l'endroit le plus voisin de son confluent ou de son embouchure.

Un *canal* est une rivière artificielle qui sert ordinairement à mettre en communication deux grands cours d'eau, ou une rivière avec l'Océan, ou même deux mers entre elles. C'est ainsi que le canal du Languedoc fait communiquer la Méditerranée avec la Garonne, et par suite avec l'Océan.

———

Cette leçon devra être accompagnée de démonstrations sur la sphère.

QUATRIÈME SÉANCE.

Études sur une mappemonde. — Rapprochement entre la sphère terrestre et la mappemonde. — Cartes géographiques ou portions circonscrites de la mappemonde.

On n'a pas toujours une sphère terrestre pour étudier la géographie, et d'ailleurs, l'étude faite à l'aide d'un globe artificiel ne peut porter que sur les grandes masses : on remédie à cette insuffisance à l'aide des cartes géographiques.

Une carte géographique est un dessin fait sur une surface plane, et sur laquelle sont représentées toutes les parties de la terre, ou chacune de ses grandes divisions, ou des contrées moins étendues, et même des cantons particuliers.

La carte générale à laquelle on donne le nom de *mappemonde* représente deux moitiés du globe aplaties et étendues de manière qu'elles ne se touchent que d'un côté, autant que leur permet leur forme circulaire. Les deux extrémités, *orientale* et *occidentale*, qui paraissent si éloignées l'une de l'autre, se toucheraient si l'on pliait ces deux moitiés du globe à l'endroit où elles sont réunies.

Les deux parties de la mappemonde se nomment *hémisphères*, ou moitiés du globe. L'hémisphère oriental renferme les trois parties du monde ancien; l'hémisphère occidental renferme le nouveau monde. La mappemonde est la seule carte où l'on trouve les pôles ; comme elle représente les deux parties d'une sphère qui, rapprochées, formeraient la sphère, les pôles leur sont communs.

Toutes les figures dont nous avons parlé à propos du *globe artificiel* se retrouvent sur les cartes, avec cette différence que l'équateur qui, sur le globe, est un cercle, n'est sur la mappemonde qu'une ligne droite qui coupe les deux hémisphères de l'occident à l'orient, et les divise en deux parties égales.

On appelle *cartes particulières*, par opposition à la *mappemonde*, celles qui représentent une contrée faisant partie d'une portion plus étendue de la terre. Ainsi la carte de France est une carte particulière, en tant qu'elle ne représente qu'une partie de l'Europe, mais elle devient une carte générale, relativement aux cartes des départements.

Les cartes sont partagées ordinairement par des espèces de mesures qu'on nomme *cercles*, divisés en sous-mesures conventionnelles représentant des mesures déterminées : on s'en sert pour mesurer la distance d'un lieu à un autre. Les *degrés, minutes, secondes*, représentent des lieues, des milles, des kilomètres ou autres dénominations, suivant les mesures en usage dans tel ou tel pays.

———

Nota. — Le professeur exercera les élèves sur la *mappemonde*, comme il l'aura fait à la séance précédente sur la sphère.

Quiconque sait consulter la sphère et les cartes a fait plus de la moitié du chemin qui conduit à la connaissance de la géographie.

CINQUIÈME SÉANCE.

Grandes divisions du globe. — Europe. — Asie. — Afrique. — Amérique. — Océanie.

La géographie divise la terre en cinq parties principales : l'*Europe*, l'*Asie*, l'*Afrique*, l'*Amérique* et l'*Océanie*. Les trois premières sont situées dans notre hémisphère et forment l'ancien continent. L'Amérique à elle seule forme le nouveau continent ; elle occupe l'autre hémisphère. L'Océanie, située presque entière au sud de l'équateur, se compose d'une grande île et d'une multitude de petites.

Indépendamment des continents, la terre comprend un grand nombre d'îles, parmi lesquelles plusieurs d'une grande importance, et beaucoup d'autres de moindre dimension, dont nous parlerons quand nous aurons à nous occuper des nations qui les possèdent.

Ainsi que nous l'avons dit, les différentes parties du monde sont enveloppées par une immense nappe d'eau qui se divise en cinq grandes parties qui empruntent leurs noms à leurs situations respectives.

L'*Océan Glacial Arctique* ou *Boréal* est situé au pôle arctique. Il baigne les côtes septentrionales de l'Europe, de l'Asie et de l'Amérique. En Europe, il forme la mer *Blanche* et divers golfes sur les côtes des États scandinaves et de la Russie ; en Asie, la mer de *Kara*, les golfes de l'*Obi* et de l'*Iénisséi;* dans l'Amérique du Nord, la mer de *Baffin* et les nombreux détroits qui séparent les îles situées dans le voisinage du pôle arctique.

L'*Océan Glacial Antarctique* ou *Austral,* situé au pôle antarctique, n'arrose aucune des cinq grandes parties du monde.

Le *Grand Océan,* qu'on appelle encore *Océan Pacifique* ou *mer du Sud,* s'étend entre l'Asie et l'Océanie, à l'ouest, et les deux Amériques, à l'est. Il communique avec l'Océan Glacial Arctique par le détroit de Behring, avec l'Océan Indien par le détroit de Malacca, avec l'Océan Atlantique, au sud, par le détroit de Magellan, et au nord par un passage à travers les régions polaires, qui n'a été découvert qu'en 1853. Le *Grand Océan* enveloppe les nombreux archipels de l'Océanie, baigne les côtes orientales de l'Asie, où il forme les mers de Behring, du Japon, la mer Jaune, la mer de Chine, la côte occidentale des deux Amériques, où il forme la mer Vermeille et les golfes de Panama et de Guayaquil.

L'*Océan Indien* s'étend entre l'Asie, l'Afrique et l'Océanie. Il se divise en deux grands golfes séparés par la grande presqu'île de l'Hindoustan : 1° le golfe du Bengale, qui forme lui-même le golfe de Martaban ; 2° le golfe d'Oman, qui forme lui-même le golfe Persique par le détroit d'Ormuz ; le golfe Arabique ou mer Rouge par le détroit de Bab-el-Mandeb ; enfin, le canal de Mozambique, entre l'île de Madagascar et la côte d'Afrique.

L'*Océan Atlantique* s'étend parallèlement au Grand Océan, entre l'Europe et l'Afrique et les deux Amériques. On a vu par quels détroits il communique avec l'Océan Glacial et le Grand Océan. Ses principales divisions sont, en Europe : la mer Baltique, la mer du Nord, la mer d'Irlande, le golfe de Gascogne, la Méditerranée ; en Afrique, le golfe de Guinée ; dans l'Amérique du Nord, la mer d'Hudson, le golfe Saint-Laurent, le golfe du Mexique, la mer des Antilles ; dans l'Amérique du Sud, le golfe de Saint-Georges.

Le professeur devra s'attacher à faire reconnaître ces grandes divisions, continents et mers, sur la sphère et sur la mappemonde.

On exercera les élèves sur la situation, latitude et longitude des divers points du globe.

SIXIÈME SÉANCE.

Asie. — Sa forme générale. — Mers et iles principales. — Fleuves.
— Principaux États. — (Insister sur les Indes, la Chine et la Cochinchine.)

L'Asie est la plus grande et la plus peuplée des cinq parties du monde. En y comprenant les îles qui en dépendent, elle occupe une superficie évaluée à plus de 42 millions de kilomètres carrés.

C'est dans cette vaste contrée que la tradition a placé l'origine du genre humain. (Voyez les premières leçons du *Cours d'histoire.*)

L'Asie est bornée au nord par l'Océan Glacial arctique depuis l'embouchure de la Kara jusqu'au détroit de Behring; à l'est, par le Grand Océan jusqu'au détroit de Malacca; au sud par l'Océan Indien jusqu'au détroit de Bab-el-Mandeb; à l'ouest, par la mer Rouge, l'isthme de Suez, la Méditerranée, les Dardanelles, la mer de Marmara, le Bosphore, la mer Noire, le Caucase, la mer Caspienne, le fleuve Oural, les monts Ourals et la Kara.

On peut considérer l'Asie comme divisée en onze parties principales, savoir : la *Sibérie* ou *Russie asiatique*, la *Chine*, le *Japon*, l'*Indo-Chine*, l'*Hindoustan*, le *Béloutchistan*, l'*Afghanistan*, la *Perse*, le *Turkestan*, l'*Arabie* et la *Turquie d'Asie.*

Les mers qui environnent l'Asie forment sur les

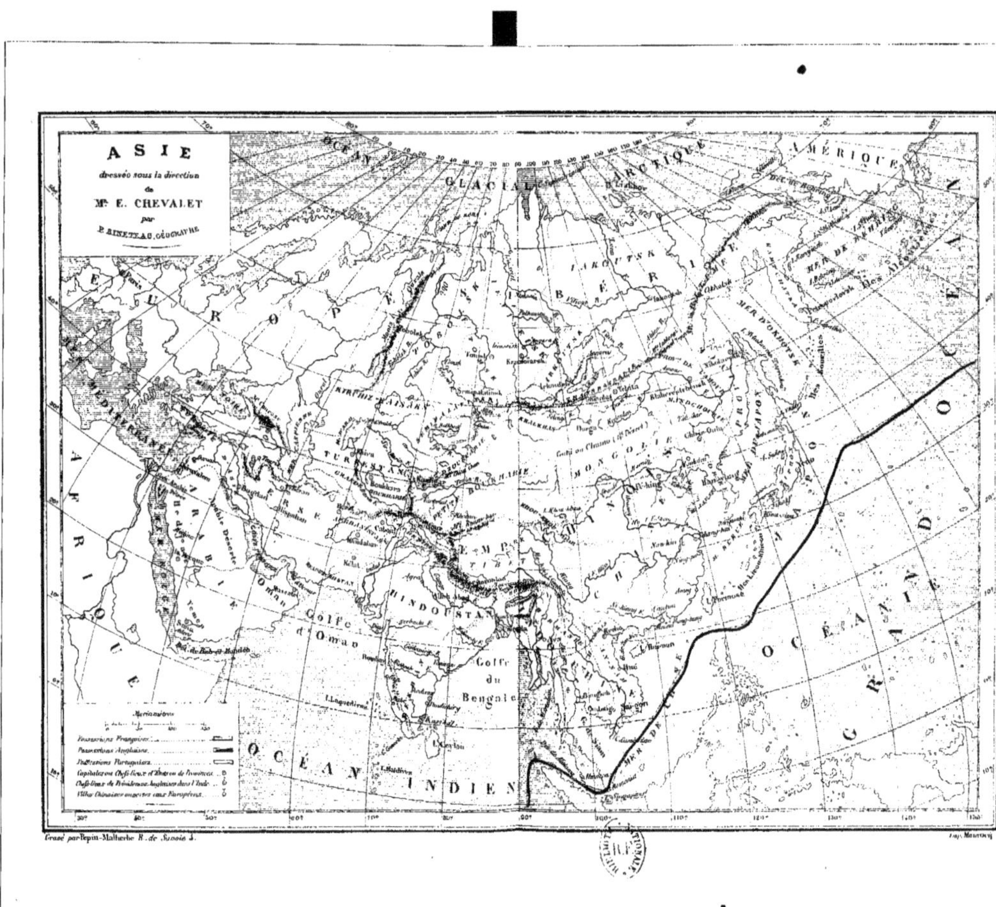

Gravé par Pépin-Malherbe R. de Savoie 3.
Imp. Monrocq

côtes un grand nombre de golfes parmi lesquels nous citerons : le *golfe Arabique,* ou mer Rouge, entre l'Arabie et l'Afrique ; le *golfe Persique,* entre l'Arabie et la Perse ; le *golfe* ou *mer d'Oman,* entre l'Arabie, le Béloutchistan et l'Hindoustan ; le *golfe du Bengale,* entre les deux Indes ; ceux de *Martaban,* de *Siam* et de *Tonkin,* au sud et à l'est de l'Indo-Chine, et enfin les nombreuses mers et golfes formés à l'est par le Grand Océan, *mer Jaune, mer Bleue, mer du Japon, golfe d'Anadir,* et les *golfes de l'Obi* et de l'*Iénisséi,* formés au nord par l'Océan Glacial.

DÉTROITS. — De *Bab-el-Mandeb,* qui unit la mer Rouge à la mer d'Oman ; d'*Ormuz,* qui joint le golfe Persique à la mer d'Oman ; de *Malacca,* entre l'Asie et l'Océanie ; de *Behring,* entre l'Asie et l'Amérique.

Les *lacs* principaux de l'Asie, outre la mer Caspienne et la mer d'Aral, placée dans le Turkestan, sont le *lac Asphaltite* ou la mer Morte, dans la Turquie d'Asie ; le lac *Baïkal,* au sud de la Sibérie, et le lac *Khoukhounoor,* en Chine.

FLEUVES. — L'*Obi,* l'*Iénisséi,* la *Léna,* qui arrosent la Sibérie et se jettent dans l'Océan Glacial ; l'*Oural,* qui sépare l'Europe de l'Asie et se jette dans la mer Caspienne. — Dans la Turquie, le *Tigre* et l'*Euphrate* qui se jettent dans le golfe Persique. — Dans l'Hindoustan, le *Sind* ou *Indus,* qui se rend à la mer d'Oman ; le *Gange,* qui se jette par plusieurs embouchures dans le golfe du Bengale, et le *Brahmapoutre,* qui se jette dans le même golfe. Dans l'Indo-Chine, l'*Iraouady* et le *Cambodge*. Dans l'empire chinois, le *fleuve Bleu*, le *fleuve Jaune* et l'*Amour*.

Montagnes. — Le plateau central est circonscrit et formé par des montagnes affectant la forme d'un quadrilatère irrégulier et portant des noms différents. Au nord, les monts *Altaï* et *Tang-nou;* à l'ouest, les monts *Célestes* et les monts *Bolor;* à l'est, les monts *Iablonoï* ou montagnes Neigeuses ; au sud, les monts *Himalaya,* qui comprennent les plus hauts sommets du globe.

Une arête, qui se détache des monts *Bolor,* porte les noms de monts du *Khorassan* et de monts *Elbrouz,* atteint l'Arménie, prend le nom d'*Anti-Liban,* puis de *Liban,* et se termine au mont *Sinaï.*

La chaîne du Caucase, qui s'étend entre la mer Noire et la mer Caspienne, appartient à l'arête que nous venons d'indiquer, et, par le mont *Taurus,* se prolonge dans la Perse.

Une longue chaîne, qui se détache de l'*Himalaya,* parcourt l'Hindoustan jusqu'au cap Comorin et prend le nom de *Ghates occidentales.* De l'autre côté de la grande presqu'île se trouvent les *Ghates orientales.*

Ce système orographique, auquel il convient d'ajouter les monts qui traversent toute l'Indo-Chine, jusqu'au cap Romania, sur le détroit de Malacca, divise l'Asie en quatre grands versants : versant de l'Océan Glacial Arctique, versant du Grand Océan, versant de l'Océan

Indien, et versant de l'ouest (mer Caspienne, mer d'Aral, mer Noire et Méditerranée).

ÉTATS DE L'ASIE.

L'Asie qui, dans les temps anciens, a atteint le maximum de son développement, est retombée dans une barbarie qui ne paraît pas être à la veille de cesser, du moins pour le plus grand nombre de régions. A l'heure qu'il est, l'industrie y est à peu près nulle, et, à part les produits naturels du sol, le commerce ne s'y opère que grâce à l'activité des Européens.

Berceau de toutes les religions qui se sont répandues dans le monde, l'Asie voit sa nombreuse population partagée surtout entre le mahométisme, le brahmanisme et le bouddhisme. Les tribus nomades, et elles sont nombreuses, sont plongées dans l'idolâtrie.

Les gouvernements y sont despotiques dans la plus abjecte acception du mot : aussi n'aurons-nous à dire que peu de chose sur l'ensemble politique de cette partie du monde.

La Sibérie est une possession des Russes, qui en achevèrent la conquête en 1711. Elle a été augmentée des provinces du Caucase, conquises sur les Turcs et les Persans, c'est-à-dire de la Géorgie, chef-lieu Tiflis, de l'Arménie, chef-lieu Erivan, du Chirvan, de l'Abassie et de la Mingrélie.

La Sibérie, qui est plus grande à elle seule que l'Europe entière, est divisée en plusieurs gouvernements. Les villes, centres de commerce ou ports principaux sont : *Tobolsk, Tomsk, Irkoutsk, Kiachta, Omsk, Semipolatinsk.* Le Kamtschatka, presqu'île à l'extrémité est de la Sibérie, forme un district particulier, dont la ville la plus considérable est *Pétropowlawsk,* qui a été bombardée, en 1854 et 1855, par les escadres anglo-françaises. Le commerce des fourrures donne aux villes de Sibérie une certaine importance.

Le sol de cette vaste contrée n'y produit qu'une rare végétation ; mais l'intérieur recèle d'assez grandes richesses en platine, or, argent, malachite.

La Sibérie renferme environ 4 millions d'habitants disséminés à d'immenses distances.

De cette contrée dépendent les îles de l'archipel Liakhok, dans l'Océan Glacial, et une partie des îles Kourilles, qui s'étendent de la pointe du Kamtschatka aux îles du Japon (1).

LA CHINE. — L'empire chinois, le plus vaste de l'Asie, ne compte pas moins, dit-on, de 430 millions d'habitants, appartenant à la race jaune. L'industrie

---

(1) On doit encore ajouter aux possessions de la Sibérie la province de l'Amour, conquise sur les Chinois, ainsi qu'une partie des provinces maritimes. Les Russes sont également maîtres de la partie nord du Turkestan : ils ne tarderont pas sans doute à s'emparer de toute la contrée qui sépare les possessions russes des possessions anglaises.

principale est la fabrication de la porcelaine, des laques, du papier, des soieries, de diverses étoffes de coton et de lin. Dans ce pays, la civilisation a été de longue date élevée à un degré que ne connaissaient pas les autres peuples ; mais cette civilisation est restée stationnaire. Dans le IIIe siècle avant l'ère chrétienne, les Chinois ont donné la mesure de leur politique d'isolement en construisant, pour se préserver des invasions des Tartares, une muraille de 2400 kilomètres de longueur, précaution qui ne les a pas sauvés des envahissements.

Ils ont connu ou inventé avant les Européens la boussole, l'imprimerie, la poudre à canon.

L'empire chinois se compose de la Chine proprement dite et de pays tributaires ou conquis, dont le nombre diminue chaque jour par des révoltes que les Chinois ne peuvent réprimer.

La capitale de tout l'empire est *Pékin,* ville de deux millions d'habitants, dont une armée anglo-française s'est emparée en 1860. (Voyez le *Cours d'histoire contemporaine.*) Les autres villes importantes sont : *Nankin, Canton, Shang-haï, Ning-po, Amoy.*

Les îles qui dépendent de la Chine sont : l'île *Formose,* l'île d'*Haï-nan.* L'île de *Macao,* dans la baie de Canton, appartient aux Portugais depuis 1561, et l'île *Hong-Kong* appartient depuis 1842 aux Anglais, qui y ont fondé la ville de Victoria.

Les pays regardés comme tributaires de la Chine

sont : la *Petite Boukharie,* le *Tibet,* la *Mongolie,* la *Mandchourie,* la presqu'île de *Corée* et l'archipel *Licou-Khicou.*

Entre la Mongolie et la Mandchourie se trouve le vaste désert de *Gobi* ou *Chamo.*

LE JAPON. — Cet empire se compose de quatre grandes îles et d'un assez grand nombre de petites qui sont séparées de la Chine par la mer du Japon. Les quatre grandes îles sont : l'île d'*Yeso,* de *Niphon,* de *Sikoks* ou *Xicoco* et de *Kiou-Siou.* Les productions du Japon sont à peu près les mêmes que celles de la Chine; il y a également de très-grands rapports entre les mœurs des Japonais et celles des Chinois. La ville la plus importante du Japon est *Yédo,* située dans l'île Niphon, et qui compte un million et demi d'habitants.

Les Hollandais furent longtemps les seuls Européens admis à commercer avec le Japon : mais de 1854 à 1858, les Japonais se sont convertis à d'autres idées et ont ouvert plusieurs de leurs ports à toutes les nations. La France a même établi des relations privilégiées avec cet empire qui nous a envoyé à deux reprises des ambassadeurs chargés de présents pour les chefs du Gouvernement.

Le Japon possède une partie des îles Kourilles, dont l'autre partie appartient aux Russes.

INDO-CHINE. — Cette contrée forme une presqu'île située à l'est de l'Hindoustan, et renferme environ

30 millions d'habitants. Elle est d'une grande fertilité en riz, maïs, coton, cannelle, poivre, indigo, etc. On y élève beaucoup de vers à soie.

Elle est divisée en plusieurs États ; savoir : 1° l'*empire Birman*, capitale *Ava*, autrefois le plus important de l'Indo-Chine, aujourd'hui très-diminué par les conquêtes des Anglais ; 2° le *royaume de Siam*, capitale *Bankok*, (300,000 habitants) ; 3° la presqu'île de *Malacca*, dont le nord appartient au royaume de Siam ; le sud est indépendant, à l'exception du port de Malacca, dont les Anglais se sont emparés ; 4° l'*empire d'Annam*, capitale *Hué*, qui se compose de plusieurs grandes provinces dont une, la *Cochinchine*, appartient à la France qui y a fondé une colonie. (Voyez le *Cours d'histoire contemporaine*.) Le chef-lieu des possessions françaises est *Saïgon*.

Hindoustan. — L'Inde a la plus vieille histoire du monde avec celle des Égyptiens et des Hébreux, mais elle nous est moins connue que celle de ces derniers. Dans l'antiquité, Sésostris, Cyrus et Alexandre y portèrent leurs armes. Au XIe siècle, les Musulmans pénétrèrent dans la partie méridionale et y fondèrent des dynasties. En 1398, l'Inde fut ravagée par Tamerlan. L'empire du Grand-Mogol ayant été affaibli par les révoltes qu'y avait suscitées Nadir, schah de Perse, les Anglais en profitèrent pour s'y établir et s'annexer successivement de vastes provinces arrachées aux indigènes en récompense de services au moins douteux. A la mort de Tippao-Saïb (1799), la Grande-Bretagne se débarrassa du Grand-Mogol au prix d'une pension, et, après de longues guerres, étendit sa domination sur tout l'Hindoustan, dans le bassin de l'Indus et sur les côtes occidentales de l'Indo-Chine. Elle a triomphé, en 1857, d'une formidable insurrection, et règne aujourd'hui en souveraine absolue sur cette terre féconde. (Voir mon *Précis d'histoire moderne et contemporaine; révolte des Cipayes*.)

L'industrie des Indiens, très-avancée en ce qui concerne les mousselines, les étoffes de soie, les foulards, les châles, les tapis, les nattes et les étoffes de coton, est très-arriérée dans les autres branches de commerce, abandonnées aux Européens.

L'Hindoustan se trouve partagé en États indépendants, en possessions anglaises, en États vassaux de l'Angleterre, en possessions françaises et portugaises.

Les États indépendants sont : le *Cachemire*, le royaume du *Népaul* et l'*archipel des Maldives*.

Les possessions anglaises dans l'Inde sont divisées en présidences, savoir :

1° *Présidence de Calcutta*, capitale *Calcutta*, siége du gouverneur général et l'une des villes les plus commerçantes et les plus riches du monde. Villes principales : Bénarès, Dacca, Sérampour, Patna, Djaggernat.

2° Présidence de Bombay. — 3° Présidence de Madras. — 4° Présidence d'Allah-Abad.

A ces possessions se rattachent l'île de *Ceylan*, à l'extrémité de l'Hindoustan, près le cap Comorin ; on y trouve une montagne élevée, nommée le *Pic-d'Adam*, lieu célèbre de pèlerinage dans l'Inde, et les îles *Nicobar*, l'île du *Prince-de-Galles* et l'île *Singapour*, qui commandent, avec Malacca, le passage entre l'Océan Indien et le Grand Océan. L'archipel des *Maldives* et *Laquedives* dépend également de l'Hindoustan.

Sous le nom d'*Inde française*, nous possédons sur les côtes de l'Hindoustan *Chandernagor, Pondichéry, Karikal, Mahé* et *Yanaon*. — *Goa*, sur la côte occidentale, appartient aux Portugais.

L'*Afghanistan* et le *Béloutchistan*, comptés au nombre des États asiatiques, sont placés sous la suzeraineté de la Perse.

La PERSE. — Cet État rappelle les grands souvenirs des conquêtes de Cyrus, des défaites de Xerxès et de Darius et des campagnes d'Alexandre le Grand. Il est aujourd'hui entre les mains d'un souverain qui règne sous le nom de *schah*, et qui fait de louables efforts pour faire pénétrer dans son empire la lumière de la civilisation européenne.

La Perse est divisée en onze provinces et renferme des villes importantes : *Téhéran*, capitale du royaume, *Ispahan, Chiraz, Tauris, Hamadan, Recht*, port sur la mer Caspienne, et *Bender-Aboucher,* port sur le golfe Persique.

La Perse a pour tributaires le royaume de *Hérat* ou l'*Afghanistan,* où se trouvent les deux villes importantes de *Kaboul* et de *Kandahar,* et le *Béloutchistan,* qui se compose de tribus nomades et mahométanes. Ce pays paraît destiné à devenir une possession anglaise.

TURKESTAN ou TARTARIE INDÉPENDANTE. — C'est de ce pays que sont sortis les conquérants qui ont bouleversé l'Asie. Aujourd'hui encore la population ne vit guère que de brigandage; une partie seulement se livre au commerce et à l'agriculture.

Les principaux centres de population sont : *Boukhara* (150,000 habitants), capitale de la grande Boukharie; *Samarkand,* ancienne capitale de l'empire de Tamerlan; *Khokand, Kiva* et *Balkh.*

ARABIE. — Elle forme une immense presqu'île, dont le sol est très-fertile sur les côtes. Une portion de ce pays est d'une telle fécondité, qu'il a valu à cette contrée le nom d'*Arabie Heureuse.* Outre le café le plus renommé, ce pays produit en abondance l'encens, la myrrhe, la gomme, le benjoin, l'indigo, le séné, les dattes. Les pêcheries des côtes du golfe Persique fournissent une grande quantité de perles.

De temps immémorial, les Arabes mènent une vie nomade, sous la conduite de leurs cheiks.

Au VIIe siècle, Mahomet y fonda l'islamisme. Un peu moins d'un siècle après la mort du prophète, l'empire des Arabes ou Sarrasins s'étendait, en Asie et en Afrique, de l'Indus à l'Atlas, et en Europe, absorbait l'Espagne et faisait invasion en France. Aujourd'hui, le vaste empire des kalifes, détruit par les Turcs, n'existe plus, et la race arabe, oublieuse de la civilisation élevée qu'elle a connue, s'est disséminée à travers l'Asie et l'Afrique, et n'a conservé de son origine que le fanatisme musulman.

L'Arabie se divise en trois parties : le *Hedjaz* et l'*Arabie Pétrée,* au nord-ouest; l'*Arabie Déserte,* au centre et à l'est; l'*Yémen* ou *Arabie Heureuse,* au sud-ouest.

Les principales villes de l'Arabie sont : *la Mecque,* patrie de Mahomet, où les fils de l'Islam doivent, au moins une fois en leur vie, aller en pèlerinage; *Médine,* qui conserve le tombeau du prophète; *Djed-dah,* port de la Mecque; *Sana,* capitale de l'Yémen; *Moka, Aden,* comptoir anglais, sur le détroit de Bab-el-Mandeb, et *Mascate,* port commerçant sur la mer d'Oman.

On élève dans l'Arabie la plus belle race de chevaux et la plus estimée; mais l'animal le plus précieux pour ces immenses déserts est le chameau, dont les services sont utilisés au profit du commerce.

TURQUIE D'ASIE. — C'est dans l'admirable contrée désignée aujourd'hui sous ce nom que se trouvaient

situés les pays dont il est si souvent fait mention dans
l'histoire ancienne : l'Arménie, l'Asie-Mineure, la Syrie,
la Phénicie, la Palestine, la Mésopotamie, la Chaldée,
l'Assyrie. Là existèrent des cités puissantes et des empires gigantesques : Troie, Babylone, Ninive, Sidon,
Tyr. Les Perses, les Assyriens, les Macédoniens, les
Romains, y régnèrent en conquérants. Les croisades
y amenèrent la fondation de principautés chrétiennes,
détruites par les sultans d'Égypte.

La Turquie d'Asie est divisée en gouvernements
distincts ou eyalets :

Anatolie ou *Asie-Mineure,* où se trouvent les villes
de *Smyrne, Koutahieh, Brousse, Angora, Sinope* et
Scutari.

Arménie : Erzeroum, Kars, Van.

Kurdistan, ancienne Assyrie : *Diarbékir, Kerkouk.*

Eyalet de Trébizonde, avec une capitale du même
nom sur la mer Noire.

Eyalet de Roum : Sivas.

L'*Aldjézireh* (Mésopotamie) : *Mossoul, Orfa,* l'ancienne *Édesse.*

L'*Irak-Arabi* (empire babylonien) : *Bagdad, Bas-
sora.*

La *Syrie,* qui a absorbé la Palestine, province du
Sud, la célèbre contrée où s'est passée l'histoire du
fondateur du christianisme, et dont la capitale *Jéru-
salem,* malgré sa déchéance, est toujours appelée la
ville sainte. On cite encore en Syrie : *Damas, Alep,*

Bethléem, Nazareth, Beyrouth, Saint-Jean-d'Acre, Jaffa, Latakieh (l'ancienne Laodicée). Dans le Liban, on trouve les Druses, musulmans, et les Maronites, chrétiens.

Saint-Jean-d'Acre rappelle les souvenirs des croisades, du général Bonaparte et ceux plus récents d'Ibrahim-Pacha. (Voir le *Précis d'histoire moderne et contemporaine.*)

Les îles qui dépendent de la Turquie d'Asie sont : *Chypre, Rhodes, Samos, Chio, Métélin.*

Les ports où les Européens ont des comptoirs, et où se concentre le commerce de l'Asie, se nomment les *Échelles du Levant.*

SEPTIÈME SÉANCE.

Afrique. — Même nomenclature que pour l'Asie. — (Insister sur
le Sénégal et Madagascar.)

L'Afrique est une immense presqu'île, de forme triangulaire, qui ne tient au continent asiatique que par l'isthme de Suez, large de 115 kilomètres environ, et encore cet isthme est-il, depuis quelques années, traversé par un canal qui, faisant communiquer la Méditerranée avec la mer Rouge, fait de l'Afrique une île. Cette partie du monde, située presque tout entière sous la zone torride, n'est qu'une suite de déserts de sables brûlants, interrompus de loin en loin par des oasis où se développe la plus merveilleuse végétation. C'est sur les côtes, d'ailleurs difficilement abordables, que se manifeste tout le mouvement commercial et civilisateur de cette contrée dont l'intérieur est à peine connu.

Dans notre siècle, l'intérieur de l'Afrique a été, de la part de hardis explorateurs, l'objet d'investigations qui permettront, dans un délai probablement assez court, d'en faire une description plus complète.

L'Afrique n'a d'autres limites que les mers qui l'entourent, et peut-être le nom de mer conviendrait-il à des lacs immenses récemment découverts dans l'intérieur des terres, tels que les lacs *Tanganyika, Nyassi* et *Ookerevé.* On connaissait déjà les lacs *Dembéa* en Abyssinie et *Tchad* dans le Soudan.

Au point de vue politique, cette partie du monde est encore si incomplétement définie, que sa division en États est nécessairement très-arbitraire ; voici pourtant celle qui est généralement adoptée :

Trois contrées au nord : l'*Égypte*, les *États barbaresques*, le *Sahara ;* sept au centre : la *Sénégambie*, la *Guinée*, le *Takrour* ou *Soudan*, ou *Nigritie*, la *Nubie*, l'*Abyssinie*, la *côte d'Ajan ;* six au midi : le *Congo*, le *Zanguebar*, la *capitainerie de Mozambique*, la *Cafrerie*, le *pays des Hottentots*, le *Cap*.

Les principaux golfes de l'Afrique sont : ceux de *Tunis*, de *Cabès* et de la *Sidre*, sur la côte septentrionale ; ceux de *Guinée*, de *Bénin* et de *Biafra*, sur la côte de Guinée ; la baie de *Lagoa*, au sud du Mozambique.

CAPS : *Bon*, au nord de la Barbarie ; *Cantin*, à l'ouest du Maroc ; *Bojador* et *Blanc*, à l'ouest du Sahara ; *Vert*, à l'ouest de la Sénégambie ; *Palmas*, des *Trois-Pointes*, *Formose* et *Lopez*, sur les côtes de Guinée ; de *Bonne-Espérance*, au sud de l'Afrique ; *Guardafui*, sur la côte d'Ajan.

FLEUVES : le *Nil*, qui arrose l'Abyssinie, la Nubie et l'Égypte, et se jette dans la Méditerranée par plusieurs embouchures. On ne connaît pas encore bien la source de ce fleuve. — Le *Sénégal* et la *Gambie*, qui se jettent dans l'Océan Atlantique et donnent leur nom à la contrée qu'ils traversent. — Le *Niger*, qui parcourt la Nigritie et se perd dans le golfe de Bénin. — Le *Zaïre* ou *Congo*, qui se jette dans l'Océan Atlantique. — Le *Zambèze*, qui se jette dans le canal de Mozambique.

MONTAGNES : trois systèmes principaux : l'*Atlas*, longeant la côte septentrionale des États barbaresques ; les monts *Kong*, le long de la côte occidentale ; les monts *Lupata*, dans le Mozambique, le plateau de l'Abyssinie.

ÉTATS DE L'AFRIQUE.

ÉGYPTE. — On ne doit pas oublier que cette contrée a été le théâtre de la plus ancienne civilisation : après être retombée dans une longue barbarie, elle fait aujourd'hui les plus grands efforts pour renaître à son ancienne splendeur.

C'est une vallée étroite, arrosée par le Nil et resserrée entre deux chaînes de montagnes. Elle doit sa fertilité aux débordements périodiques du Nil, qui dépose sur le sol un limon sans lequel les sables resteraient stériles. L'industrie y est assez développée, parce que l'Égypte sert de voie de transit entre l'Europe et l'Asie. Le percement de l'isthme de Suez, qui est actuellement un fait accompli, promet à ce pays de brillantes destinées.

L'Égypte est divisée en trois régions : la haute, la moyenne et la basse Égypte. Sous le rapport administratif, elle est partagée en sept intendances, subdivisées en soixante-quatre départements.

Les principales villes sont : *le Caire, Alexandrie,* le port le plus important ; *Suez,* sur la mer Rouge, où l'on a ouvert, entre cette mer et la Méditerranée, un canal qui permet de se rendre dans l'Océan Indien sans doubler le cap de Bonne-Espérance ; *Port-Saïd,* à l'autre extrémité du canal, sur la Méditerranée ; *Syout,* capitale de la haute Égypte ; *Aboukir, Rosette, Damiette,* sur la Méditerranée ; *Louqsor,* dont l'obélisque a été transporté à Paris. On pourrait citer encore plusieurs localités qui n'ont d'importance que par les souvenirs historiques qu'elles rappellent.

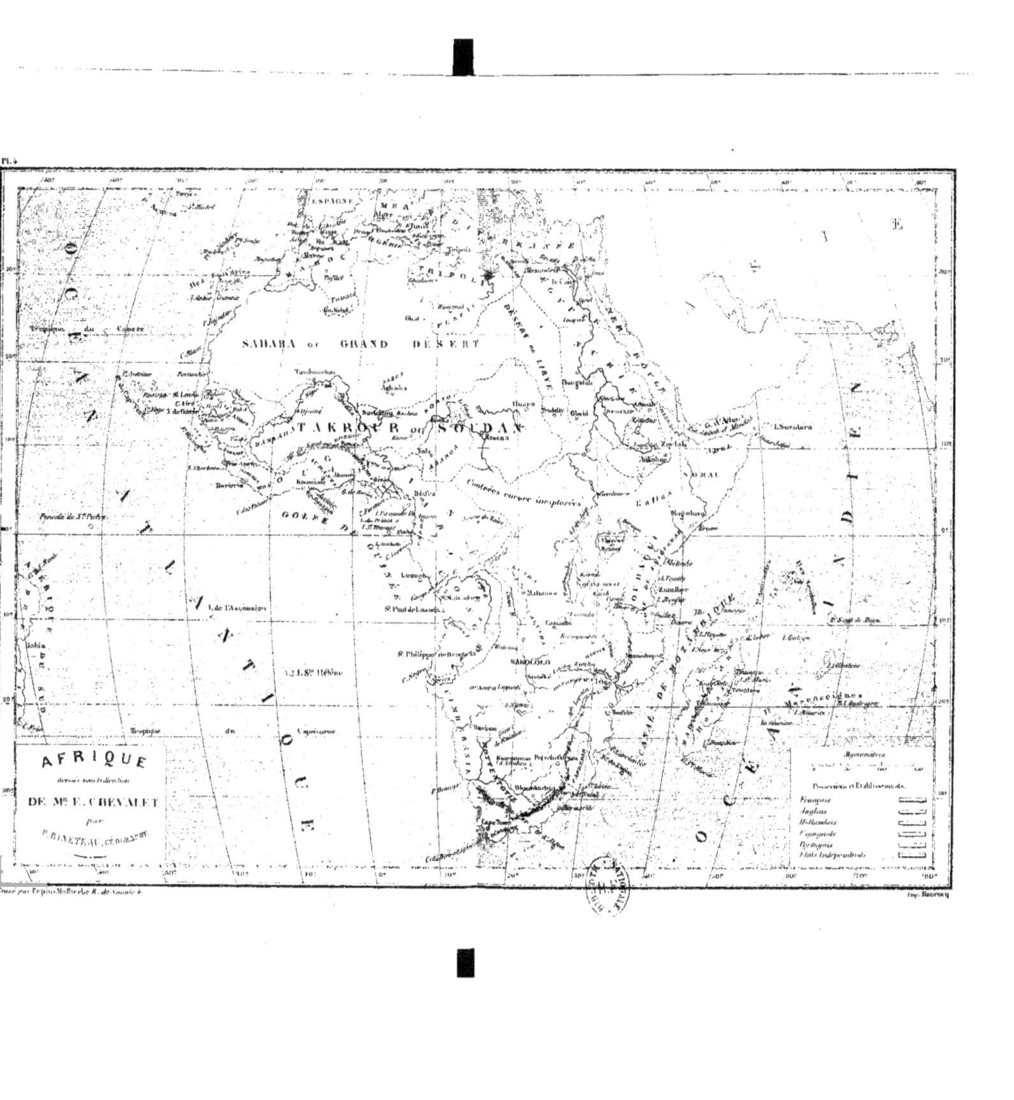
AFRIQUE
dressée sous la direction
DE Mr E. CHEVALET
par
P. BINETEAU, Géographe.
SAHARA ou GRAND DÉSERT
TAKROUR ou SOUDAN
Contrées encore inexplorées
OCÉAN ATLANTIQUE
OCÉAN INDIEN
ESPAGNE
MER MÉDITERRANÉE
MAROC
TRIPOLI
DÉSERT de LIBYE
GOLFE DE GUINÉE
CANAL DE MOZAMBIQUE
GALLAS
SOMAL
Tropique du Cancer
Tropique du Capricorne
I. de l'Ascension
I. de Ste Hélène
Madère
St Paul de Loanda
Cap de Bonne Espérance
Myriamètres
Possessions et Établissements.
Français
Anglais
Hollandais
Espagnols
Portugais
États Indépendants

États barbaresques : *Tripoli, Tunis, Maroc.* — Le littoral nord de l'Afrique a été parfaitement connu dans l'antiquité. C'est là que fut Carthage, la rivale de Rome. La Mauritanie et la Numidie occupaient le territoire actuel de l'Algérie et du Maroc. Les Vandales, qui occupèrent tout le pays lors des grandes invasions de Barbares, furent soumis ou expulsés par les Arabes, jusqu'à ce que les Turcs vinssent s'emparer à leur tour d'une contrée qui, nominalement soumise à la suzeraineté du sultan, fut divisée en plusieurs États indépendants. Les régences d'Alger, de Tunis, de Tripoli et de Maroc devinrent les États barbaresques, repaire de pirates qui, à diverses reprises, furent châtiés par les flottes de la France. L'Algérie est devenue depuis lors une possession incontestée de la France. Nous lui consacrerons un chapitre spécial dans la géographie de la France.

La *Régence de Tripoli* a une population de 800,000 habitants. Les villes principales sont Tripoli et Ghadamès : il y a plusieurs petits ports sur la Méditerranée. De cette régence dépend le *Fezzan,* grande oasis du Sahara, chef-lieu *Mourzouck.*

La *Régence de Tunis* renferme 2,500,000 habitants. Villes principales : *Tunis, Kairouan, Cabès, la Goulette,* port près de Tunis.

Empire du Maroc. — On y compte huit millions d'habitants. La capitale est *Maroc,* et les villes principales sont *Fez, Tafilet, Méquinez.* Les ports de *Mogador,*

Salé, Rabat et *Larrache* sont situés sur l'Océan Atlantique; ceux de *Tanger* et de *Tétouan,* en regard du détroit de Gibraltar. Les villes de *Ceuta, Penon-de-Velez* et *Melilla* appartiennent à l'Espagne.

Le SAHARA. — Cette contrée occupe une étendue qu'on peut évaluer à plus de quatre millions de kilomètres carrés. L'intérieur en est mal connu ainsi que sa population, qui se compose de peuplades sauvages, les *Touaregs,* les *Touats,* les *Tibbous.* Cet immense désert est heureusement parsemé de nombreuses oasis où se reposent les caravanes qui se rendent dans les villes du Soudan.

La SÉNÉGAMBIE. — Elle compte environ dix millions d'habitants, nègres nomades, prenant les noms de *Foulahs, Mandingues* et *Yolofs.* Les Européens possèdent de nombreux établissements sur cette côte; il en sera fait mention particulière.

La GUINÉE SUPÉRIEURE ou OUANKARA, divisée en plusieurs parties. — Les Anglais y ont fondé l'importante ville de *Free-Town,* et les Américains la petite république de *Libéria,* capitale *Mourovia,* pour leurs nègres affranchis. On y trouve encore le royaume d'*Achanti,* qui a pour capitale *Koumassie.* Nous citerons aussi les colonies françaises d'Assinie, Grand-Bassam et Port-Gabon.

Le SOUDAN ou NIGRITIE, nommée encore le *Takrour,* renferme plusieurs royaumes fort peu connus. On doit citer ceux de *Tombouctou,* de *Bambara* et de *Sackatou.*

Les États de Borgou, du Bornou, du Ouaday et du Darfour dépendent de cette vaste contrée.

La NUBIE est peuplée de tribus nomades qui vivent presque indépendantes, quoiqu'elles soient censées obéir au vice-roi d'Égypte, qui en a fait la conquête en 1822. La Nubie est comme l'Égypte traversée par le Nil. L'État de *Sennaar* est le plus connu de ceux qui forment cette contrée. Le Kordofan dépend de la Nubie.

L'ABYSSINIE. — Les habitants de ce pays, dont on évalue le nombre à quatre millions, professent pour la plupart la religion chrétienne défigurée par de grossières superstitions. On pense que l'Abyssinie est divisée en plusieurs royaumes : celui de *Tigré,* capitale *Adouah;* celui d'*Amhara,* dans lequel se trouve le lac Dembéa, qui a pour capitale *Gondar,* et le royaume formé des provinces de *Choa* et d'*Efat,* ayant pour capitales *Angolola* et *Ankober.*

La CÔTE D'AJAN, comme presque toutes les contrées de l'Afrique, se divise en plusieurs États dont les populations réunies ne dépassent pas 400,000 habitants. Le *Somal,* en raison de la proximité de la mer Rouge, fait un commerce assez actif et possède plusieurs ports sur le golfe d'Aden.

Le CONGO ou GUINÉE INFÉRIEURE. — On y trouve les royaumes de *Loango,* du *Congo* proprement dit, dont la capitale est *San Salvador;* d'*Angola,* capitale *Saint-Paul de Loanda;* de *Benguela,* capitale *Saint-*

Philippe. Les Portugais ont tous ces pays sous leur dépendance.

La CAFRERIE, dans laquelle on comprend la *terre de Natal,* le *Monomotapa* et la *Cimbébasie.* Les villes de *Victoria* et de *Port-Natal* appartiennent aux Anglais.

Le ZANGUEBAR, villes principales : *Melinde, Magadoxo, Zanzibar, Quiloa.*

La CAPITAINERIE DE MOZAMBIQUE, au sud du Zanguebar, comprenant toutes les possessions portugaises sur la côte orientale de l'Afrique. *Mozambique* et *Sofala* en sont les principales villes. Au sud de cette province, nous trouvons la république de Transvaal, capitale *Potschefstrom,* et la république du fleuve Orange, capitale *Bloemfontein.*

La HOTTENTOTIE, ville assez importante : *Kourouman* (N.-Litakou), ne renferme d'ailleurs que des tribus nomades abritées dans de pauvres villages.

Les ÎLES COMORES, à l'est du Mozambique, sont indépendantes, à l'exception de *Mayotte* et de *Nossi-Bé.* Les îles *Zanzibar, Monfia* et *Pemba* relèvent de l'iman de Mascate, en Arabie.

POSSESSIONS EUROPÉENNES EN AFRIQUE.

FRANCE. *Sénégal et dépendances.* — La colonie française du Sénégal s'étend sur un espace d'environ 800 kilomètres. Elle est divisée en deux arrondissements : celui de *Saint-Louis* au nord, et celui de *Gorée* au sud.

L'arrondissement de Saint-Louis comprend les îles que forme le Sénégal à son embouchure : celles de *Sor*, de *Guijou*, de *Babagué*, de *Guiber*, de *Safel*, enfin l'île *Saint-Louis*, renfermant la ville du même nom, chef-lieu de toutes les possessions françaises, résidence du gouverneur général, et siége d'une cour d'appel.

L'arrondissement de *Gorée* comprend l'île de *Gorée*, avec la ville de Gorée, défendue par le fort Saint-Michel, et de plus les établissements français de la côte de Guinée, savoir : *Grand-Bassam* et *Assinie*, entre la Côte d'Ivoire et la Côte d'Or, et *Port-Gabon*, sur la côte de Gabon.

La population du Sénégal et de ses dépendances dépasse 200,000 âmes.

Dans la mer des Indes, sur les côtes orientales de l'Afrique, la France possède la belle île de la *Réunion* (autrefois Bourbon), et l'île *Sainte-Marie*. Dans l'archipel de *Comores*, nous avons *Mayotte*, *Nossi-Bé*, *Nossi-Mitsiou*, *Nossi-Cumba*, *Nossi-Tassi*, qui composent le gouvernement de Mayotte.

La France a occupé plusieurs points de la côte orientale de la grande île de *Madagascar*, tels que *Fort-Dauphin*, que fit construire Henri IV, *Tintingue*, *Foul-pointe*, *Tamatave*; mais tous ces établissements ont été repris par les Hovas, maîtres de la plus grande partie de l'île, dont la France ne conserve qu'une souveraineté nominale qui pourrait bien, quelque jour, redevenir effective. — La capitale de cette île est *Tananarivou,* dans l'intérieur.

POSSESSIONS PORTUGAISES. — Le Portugal, indépendamment de ses possessions sur les côtes du Congo, dont nous avons parlé, règne encore sur l'archipel des *Açores* (242,000 habitants), fertiles en céréales, en vins et en oranges, et dont le chef-lieu est *Angora,* dans l'île de *Terceire.* Les *Açores,* par leur situation à l'ouest du Portugal, semblent dépendre de l'Europe autant que de l'Afrique. — *Madère,* célèbre par ses vins; chef-lieu *Funchal.* — Les îles du *Cap-Vert,* en face de notre colonie du Sénégal.

POSSESSIONS ESPAGNOLES. — Les *Canaries* (îles Fortunées des anciens), au sud de Madère, îles très-fertiles et peuplées de 200,000 âmes. La plus considérable est *Ténériffe,* fameuse par son pic de 4,000 mètres de hauteur. — *Cachao* et les *Bissagos,* sur les côtes de la Sénégambie.

POSSESSIONS ANGLAISES. — *Sainte-Marie, Abreda, Bathurst,* dans la Sénégambie. — *Iles de Loss, Free-Town, Cape-Coast, Christiansborg,* sur la côte de Guinée. — L'île de l'*Ascension* et l'île de *Sainte-Hélène,* dans l'Océan Atlantique. (Cette dernière a été immortalisée par le martyre qu'y a enduré Napoléon Ier.) — *Colonie du Cap,* à l'extrémité méridionale de l'Afrique, commandant le passage entre l'Océan Atlantique et l'Océan Indien; chef-lieu *Capetown.* Non loin de cette ville se trouve *Constance,* dont les vins sont fort esti-

més. — L'île *Maurice* (île de France), île *Rodrigue,*
îles *Seychelles,* îles *Amirantes,* dans l'Océan Indien ;
importantes stations sur la route de l'Inde.

<hr>

HUITIÈME SÉANCE.

Amérique. — (Insister sur les États-Unis, les Antilles,
le Mexique.)

Quoique l'Amérique ne soit pas aussi vaste que l'Asie,
elle occupe, en raison de sa forme allongée, la zone
torride, la zone glaciale au nord et au sud, et les deux
zones tempérées.

Le continent a reçu son nom d'Améric Vespuce,
Florentin. Cet aventurier n'ayant guère vu que les pays
où Christophe Colomb avait été avant lui, publia des
relations dans lesquelles il se vantait d'avoir découvert
la terre ferme, et ravit ainsi à ce grand homme l'honneur de donner son nom au Nouveau-Monde, dont il
avait ouvert la route, et dont il explora d'ailleurs une
grande partie pendant les quatre voyages qu'il entre-
prit de 1492 à 1502.

Par sa configuration, l'Amérique forme deux
grandes presqu'îles triangulaires, reliées par une
étroite langue de terre qui est l'isthme de Panama.
Il y a donc en quelque sorte deux, et même trois
Amériques : l'*Amérique septentrionale,* l'*Amérique
méridionale* et l'*Amérique australe.*

Les côtes de l'Amérique septentrionale, surtout au nord et à l'est, sont très-irrégulières et forment de nombreuses presqu'îles : le *Labrador,* la *Nouvelle-Écosse,* la *Floride,* l'*Yucatan* et l'*Aliaska.* Par la même raison, ces mêmes côtes sont pénétrées par un grand nombre de mers, de golfes, de détroits; c'est d'abord la *mer de Behring,* l'*Océan Glacial arctique,* la *mer Polaire de Kane* (c'est le point extrême des navigations au pôle nord), celle de *Baffin,* le *détroit de Davis,* la *mer d'Hudson;* nous nommerons aussi le *détroit de Lancastre* et le *golfe Saint-Laurent.* Le vaste enfoncement que forme le continent américain aux approches de *Panama,* forme le grand *golfe du Mexique* et la *mer des Antilles.*

Le Grand Océan forme sur les côtes occidentales le *golfe de Californie* ou *mer Vermeille,* et le *golfe de Panama.*

L'AMÉRIQUE SEPTENTRIONALE se compose des États ci-après : Le *Groenland,* l'*Amérique anglaise,* l'*Amérique russe,* les *États-Unis,* le *Mexique* et l'*Amérique centrale.*

L'AMÉRIQUE MÉRIDIONALE renferme : la *Colombie,* le *Pérou,* la *Bolivie,* le *Chili,* la *république Argentine,* y compris la *Patagonie;* le *Paraguay,* l'*Uruguay,* le *Brésil* et les *Guyanes.*

L'AMÉRIQUE AUSTRALE. Les grandes découvertes des Dumont d'Urville, Graham, Palmer et autres navigateurs illustres, nous ont fait connaître de nouvelles

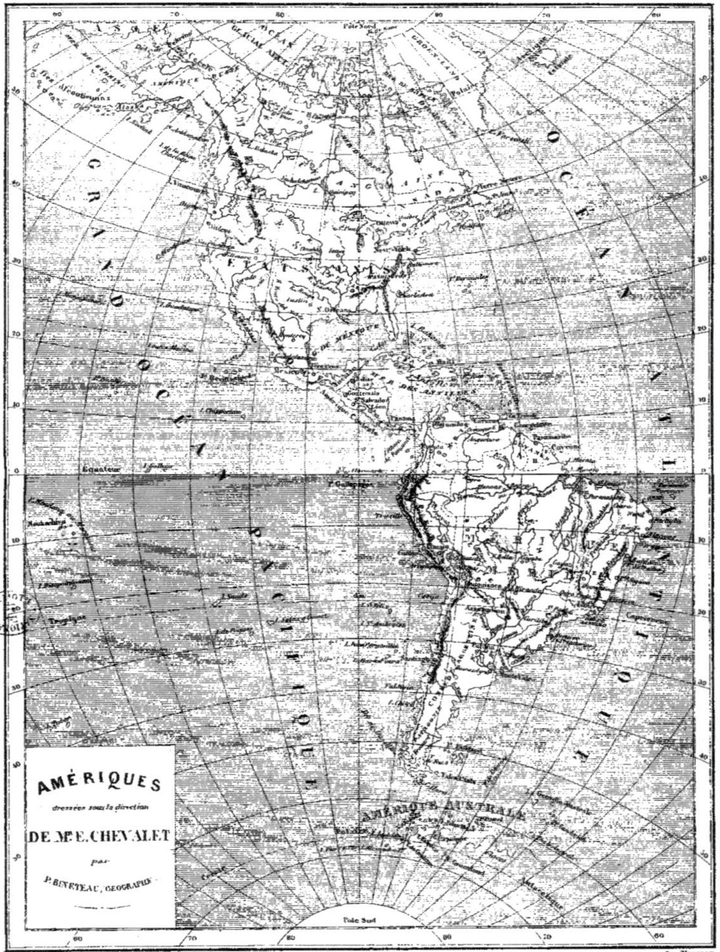
AMÉRIQUES
dressées sous la direction
DE Mr E. CHEVALET
par
P. BINETEAU, GÉOGRAPHE
OCÉAN ATLANTIQUE
GRAND OCÉAN PACIFIQUE
OCÉAN GLACIAL ARCT.
GROENLAND
Pôle Nord
Pôle Sud
Équateur
AMÉRIQUE AUSTRALE
ÉTATS-UNIS
MER DES ANTILLES
G. DU MEXIQUE

Gravé par Pépin-Malherbe R. de Savoie 3.

Imp. Monrocq

terres au sud ; alors le *Nouveau-Shetland*, les îles Po-
wels, les terres Louis-Philippe, Joinville, etc., ont formé
ce qu'on appelle aujourd'hui l'AMÉRIQUE AUSTRALE.

L'Amérique est traversée dans toute sa longueur
par une immense chaîne de montagnes qui se dirige
du nord au sud jusqu'au cap Farewell et qui prend
successivement les noms de *montagnes Rocheuses,
Cordillère du Mexique, de Guatemala* et *des Andes.*
Les volcans y sont très-nombreux. D'autres montagnes
moins élevées existent sur d'autres points : les *monts
Alleghanys,* aux États-Unis, et la *Serra do Espinhaço*
dans l'empire du Brésil.

Lacs. — L'Amérique du Nord, dans la partie désignée sous le nom de *Nouvelle-Bretagne,* et sur la
limite septentrionale des États-Unis, contient un nombre considérable de lacs : du *Grand-Ours,* de l'*Es-
clave, Supérieur, Michigan, Huron, Érié, Ontario.* La
communication de ces deux derniers lacs a lieu par
la magnifique cataracte du *Niagara,* qui se précipite
de 50 mètres de haut. Le bruit de sa chute est entendu
d'une distance de 60 à 80 kilomètres; on sent la terre
trembler dans les environs et le nuage de vapeur qui
s'élève au-dessus du précipice peut être aperçu à
100 kilomètres environ. Dans l'Amérique méridionale
on trouve le lac *Maracaïbo,* au nord de la Colombie;
de *dos Patos* et de *Mérim,* au sud-est du Brésil, et de
Titicaca dans le Pérou.

Fleuves. — Le *Saint-Laurent,* qui sort du lac Ontario

et se jette dans le golfe auquel il donne son nom; le *Mississipi,* qui traverse les États-Unis et se jette dans le golfe du Mexique après s'être grossi de l'*Ohio,* du *Missouri,* de l'*Arkansas* et de la *rivière Rouge;* le rio *Bravo del Norte,* qui sépare les États-Unis du Mexique et se jette dans le golfe de ce nom; la *Colombia* ou l'*Orégon,* qui se jette dans le Grand Océan; le *Mackensie,* qui va se perdre dans l'Océan Glacial, et le *Sacramento,* dans la Californie. Si nous passons dans l'Amérique méridionale, nous trouvons dans la Colombie l'*Orénoque,* qui se déverse dans l'Océan Atlantique, près la mer des Antilles; la *rivière des Amazones* ou *Maranon,* qui traverse l'Amérique méridionale dans toute sa largeur, et se jette dans l'Atlantique, presque sous l'équateur, après s'être grossie d'un nombre considérable de rivières dont les moindres sont plus importantes que nos plus grands fleuves d'Europe; la *Plata,* formée de la réunion du *Parana,* du *Paraguay* et de l'*Uruguay,* et qui se jette dans l'Atlantique au-dessous de Buénos-Ayres; le *San-Francisco* arrose le Brésil.

Caps. — Aux quatre points cardinaux des deux Amériques se présentent : le cap *Farewell,* au sud du Groenland, le cap *Saint-Roch,* à l'est du Brésil, le cap *Blanc,* à l'ouest du Pérou, et le cap *Horn,* qui est à l'extrémité de la Terre de Feu. Cependant le continent américain proprement dit est terminé par le cap *Froward,* au sud de la Patagonie.

En Amérique les climats sont très-variés, mais, à latitude égale, il y fait plus froid que dans l'ancien continent. Les chaleurs excessives qui existent dans quelques régions y développent les germes de maladies pestilentielles, telles que la fièvre jaune, redoutable surtout pour les Européens.

Les mines d'or, d'argent, de cuivre, de fer, de platine, de mercure et de houille, offrent à l'activité des habitants d'inépuisables ressources. Toutes les végétations y réussissent ; on y a importé avec succès presque toutes celles d'Europe, mais le sol y est surtout propice à la culture de la pomme de terre, du maïs, du manioc, du cacaotier, du quinquina, de la vanille, du coton, des bois de teinture, des arbres à gomme, etc.

ÉTATS DE L'AMÉRIQUE SEPTENTRIONALE.

GROENLAND. — TERRES ARCTIQUES. — On donne le nom de *terres arctiques* à toutes celles qui forment, entre les côtes septentrionales de l'Amérique du Nord et le pôle arctique, et peut-être sous le pôle lui-même, un immense archipel, très-imparfaitement connu à cause des glaces qui obstruent les mers dans ces parages. Parmi ces terres nous citerons le *Groenland,* dont on n'a exploré que la partie méridionale, et qui appartient aux Danois, qui y ont fondé quelques établissements ; le reste appartient aux *Eskimaux,* qui occupent toutes les régions glacées de l'Amérique. —

Le *Spitzberg,* situé à l'est du Groenland, et qui appartient autant à l'Europe qu'à l'Amérique, n'est fréquenté que par les marins qui vont à la pêche de la baleine, et particulièrement par les Russes, qui y ont fondé un établissement de pêcherie.

La Nouvelle-Bretagne. — Cette immense étendue de pays, qui occupe toute la partie septentrionale de l'Amérique comprise entre le Grand Océan et l'Atlantique, l'Amérique russe exceptée, appartient à l'Angleterre. Elle comprend le *Labrador,* la *région des Lacs,* le *Nouveau-Brunswick,* la *Nouvelle-Écosse* et le *Canada.* Ce dernier pays a été découvert, en 1534, par un navigateur français, Jacques Cartier, et il a été cédé aux Anglais en 1763. Il renferme plusieurs villes importantes, entre autres *Québec,* sur le Saint-Laurent. Le commerce des fourrures est à peu près le seul qui existe dans ces régions glacées.

Les îles qui dépendent de la Nouvelle-Bretagne sont : *Terre-Neuve,* dans la baie de Saint-Laurent. La France s'est réservé le droit de pêche sur une partie des côtes, et la possession de deux petites îles nommées *Saint-Pierre* et *Miquelon.* Dans le Grand Océan, près des côtes, se trouvent l'*île de la reine Charlotte,* et celles de *Quadra* et *Vancouver,* et autres terres peu connues au nord jusqu'au 82ᵉ latitude nord.

Amérique russe. — C'est l'empereur Paul Iᵉʳ qui fonda cette colonie, située à la pointe occidentale de l'Amérique du Nord. La population est presque entièrement composée d'Eskimaux. Le commerce des pelleteries se fait dans l'île *Sitka*, à la *Nouvelle-Arkhangel*. — La presqu'île d'*Aliaska*, les îles *Aléoutiennes* et l'*archipel du roi Georges* appartenaient à cette même contrée. Mais ces territoires ont été cédés par la Russie à la République des États-Unis d'Amérique.

ÉTATS-UNIS. — A l'origine, le pays désigné sous ce nom était occupé par des colonies européennes, qui finirent par être toutes absorbées par l'Angleterre. La tyrannie de la métropole étant devenue intolérable, les colons, sous le commandement de l'illustre Washington et avec l'appui des Français, assurèrent leur indépendance, qui fut reconnue en 1783. En 1861, onze États esclavagistes voulurent briser violemment le pacte fédéral, mais Abraham Lincoln, nouveau Washington, parvint à vaincre la rébellion.

La confédération des États-Unis s'étend depuis la Nouvelle-Bretagne jusqu'au golfe du Mexique, occupant un espace presque égal à celui de l'Europe. Elle compte environ 27 millions d'habitants d'origine européenne. L'industrie y est très-florissante et singulièrement favorisée par les grands fleuves et les réseaux de chemins de fer que l'intérêt des populations a multipliés à profusion.

La végétation y est des plus variées, en raison du climat, très-rigoureux au Nord, tempéré au centre et brûlant au sud. Le sol recèle du fer, du cuivre, du plomb, de la houille et des gîtes aurifères qui ont fait la fortune et la renommée de la Californie.

L'Union américaine comprend 34 États, 11 territoires et 1 district fédéral. Il faut, pour qu'un État soit admis dans l'Union, qu'il présente une population d'au moins 60,000 habitants. Jusque-là, il n'est considéré que comme territoire.

ÉTATS SITUÉS SUR L'OCÉAN ATLANTIQUE.

ÉTATS.	CHEFS-LIEUX.
Maine	Augusta.
New-Hampshire	Concord.
Massachussets	Boston.
Rhode-Island	Providence, Newport.
Connecticut	Hertfort, New-Haven.
New-York	Albany, New-York.
New-Jersey	Trenton.
Delaware	Dover.
Maryland	Annapolis, Baltimore.
Virginie	Richmond, Yorktown.
Caroline du Nord	Raleigh.
Caroline du Sud	Columbia, Charleston.
Floride	Tallahassée.

SUR LE GOLFE DU MEXIQUE.

Alabama	Montgomery, Mobile, Tuscalaossa.
Mississipi	Jackson.
Louisiane	Bâton-Rouge, Nouvelle-Orléans.
Texas	Austin.

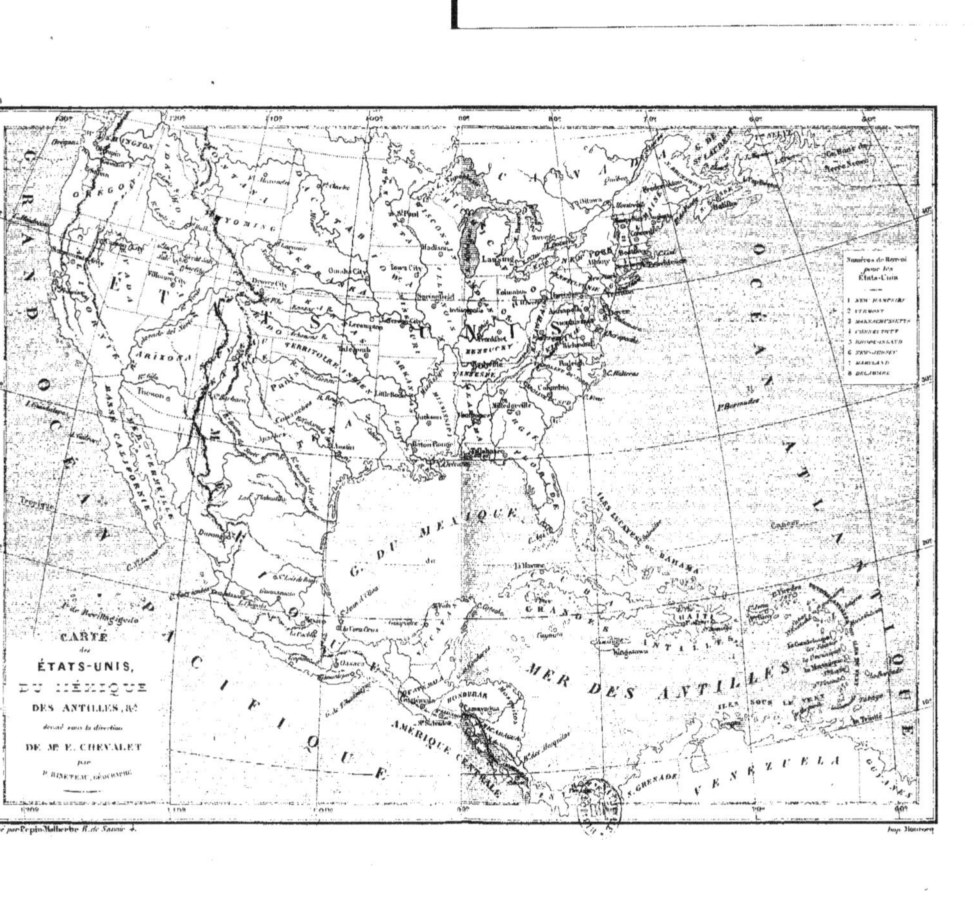

Gravé par Pepin-Malherbe R. de Sèvres 4.
Imp. Monrocq

DANS L'INTÉRIEUR.

ÉTATS.	CHEFS-LIEUX.
Vermont	Montpellier.
Pensylvanie	Harrisbury, Philadelphie.
Ohio	Columbus, Cincinnati.
Kanawha	Jefferson.
Michigan	Détroit.
Wisconsin	Madison.
Indiana	Indianopolis.
Illinois	Springfield.
Kentucky	Francfort, Louisville.
Missouri	Jefferson.
Minnoseta	Saint-Paul.
Tennessée	Nashville.
Arkansas	Little-Rock.
Iowa	Iowa, Concil-Bluff.
Kansas	Lecompton.

NOUVEAUX ÉTATS ET TERRITOIRES.

Washington	Olympia.
Orégon	Salem.
Montana	Fort Alexandre.
Ida-ho	Fort Hall.
Wioming	Fort Laramie.
Nevada	Carson city.
Utah	Fillmore city.
Dacotah	Saint-Pierre.
Nébraska	Omaha city.
Arizona	Tucson.
New-Mexico	Santa-Fé.
Territoire indien	Talequah.
Colorado	Denver city.

Le district fédéral de *Columbia*, chef-lieu *Washington*, siége du gouvernement des États-Unis, est situé entre la Virginie et le Maryland.

Chaque État est indépendant pour les affaires locales, et envoie des représentants au Congrès pour le règlement des affaires d'intérêt général.

MEXIQUE. — Le Mexique est situé au sud-ouest des États-Unis. Il était possédé par les *Aztèques*, peuple puissant et civilisé, lorsque Fernand Cortez en fit une colonie espagnole, gouvernée par des vice-rois. Ce pays s'est déclaré indépendant de la mère patrie, et, après de nombreuses vicissitudes, il s'est constitué en république. (Voyez le *Cours d'histoire contemporaine.*)

Le sol, le climat et les productions du Mexique sont, à peu de chose près, les mêmes que dans la région sud des États-Unis, mais il s'en faut de beaucoup que les Mexicains aient su tirer parti de ces richesses comme les Américains l'ont fait dans leur pays. Tandis qu'aux États-Unis règne la plus grande liberté des cultes, la religion catholique est seule admise par les Mexicains, qui forment une population de 8 millions d'âmes environ, en y comprenant les descendants des Aztèques.

Parmi les villes remarquables du Mexique, on doit citer : *Durango*, siége d'un évêché, dont le territoire est riche en mines de plomb et d'argent ; *San-Luis de Potosi*, renommée autrefois pour ses mines d'argent, aujourd'hui bien moins productives et mal exploitées d'ailleurs ; *Guadalaxara* et *Guanaxuato*, dont les mines d'or et d'argent paraissent inépuisables ; *Mexico*, l'une des villes les plus belles et les plus considérables du nouveau monde, capitale de la république et siége du gouvernement, qui renferme plus de 200,000 habitants ; *Acapulco,* port très-commerçant sur le Grand Océan ; la *Puebla,* ville très-manufacturière, peuplée de 70,000 habitants, célèbre par le siége qu'en ont fait, dans ces dernières années, le général de Lorencez et le général Forey, qui a eu la gloire de s'en emparer après une longue résistance ; la *Vera-Cruz,* port sur le golfe du Mexique, défendu par la forteresse de *Saint-Jean-d'Ulloa*, prise par une escadre française en 1839 ; *Oaxaca,* au sud-ouest de la Vera-Cruz, siége d'un évêché ; *Mérida,* ville importante (40,000 habitants), évêché, chef-lieu de l'*Yucatan,* qui renferme encore *Campêche,* où se fait un commerce considérable de bois de teinture.

L'élévation de cet admirable pays, traversé par la grande chaîne des *Andes,* en rend la température généralement douce et salubre. Les côtes seules y sont très-malsaines. C'est dans une partie des Andes du Mexique que se trouve le pic d'*Orizaba,* de près de 6,000 mètres de hauteur et qui renferme un volcan.

Amérique centrale. — Les États de l'Amérique centrale ont formé, jusqu'en 1821, une capitainerie

appartenant à l'Espagne ; en 1824, ils se sont constitués en cinq républiques indépendantes, qui sont :
*Guatemala, Honduras, San-Salvador, Nicaragua,
Costa-Rica.* On estime à un peu plus de 2 millions la
population de ces petites républiques.

ÉTATS DE L'AMÉRIQUE MÉRIDIONALE.

COLOMBIE. — Ce nom fut donné, en 1831, aux
possessions espagnoles qui avoisinaient la mer des
Antilles dans l'Amérique du Sud. En reprenant leur
indépendance, elles formèrent une république fédérative sur le modèle des États-Unis, mais qui s'est
divisée en trois républiques distinctes : celle de *Véné-
zuela,* villes principales : *Caracas, Porto-Cabello, Maracaïbo, Valencia ;* celle de la *Nouvelle-Grenade,* villes
principales : *Santa-fé de Bogota, Carthagène, Po-
payan, Panama,* sur l'isthme de ce nom, traversé
par un chemin de fer qui relie les deux Océans, en
attendant une canalisation qui les mette en communication directe ; enfin, la république de l'*Équateur,* capitale *Quito,* villes principales : *Guayaquil* et
Cuença.

Le sol de ces contrées produit en abondance le
cacao, l'indigo, le quinquina, le tabac, et recèle de
l'or, de l'argent, du platine et les mines d'émeraudes
les plus riches que l'on connaisse.

Les plus hautes montagnes de l'Amérique se trouvent dans l'Amérique centrale ; on y remarque deux volcans, le *Cayambi* et le *Cotopaxi*. La population des trois États dépasse le chiffre de 4 millions.

Le Pérou. — Avant que les Espagnols, conduits par Pizarre, en fissent la conquête en 1532, le Pérou formait un empire puissant gouverné par les *Incas* (fils du Soleil). Depuis 1823, ce pays, aidé par la Colombie, a expulsé ses dominateurs et s'est constitué en république.

Il se divise en 12 départements et renferme près de 2 millions d'habitants. Les principales villes du Pérou sont : *Lima,* capitale de 70,000 âmes, *Callao, Cuzco, Aréquipa, Truxillo, Ayacucho, Arica.*

Les Andes du Pérou présentent une multitude de volcans et leurs flancs renferment des mines d'or et d'argent dont la richesse est proverbiale. *Cuzco,* ancienne capitale, a conservé des ruines magnifiques qui attestent la civilisation des anciens Péruviens.

Bolivie. — Elle faisait autrefois partie du Pérou, au sud duquel elle est située. En 1825, Bolivar l'appela à l'indépendance, et la république reconnaissante a pris le nom du libérateur. Elle se divise en 7 départements. Sa population est de 1,500,000 habitants, appartenant à la race indigène, aux Espagnols et aux métis. Villes principales : *La Paz, Potosi, Chuqui-saca* (la Plata), cette dernière considérée comme la capitale de la république. Ces villes sont renommées pour la fécondité inépuisable de leurs mines d'argent.

Le **Chili**. — Situé au sud du Pérou et à l'ouest des Andes, le Chili forme une bande très-longue, mais très-étroite, entre cette chaîne et le Grand Océan. Il faisait partie de la vice-royauté du Pérou, mais à l'exemple des autres colonies américaines, il s'est affranchi et s'est constitué en État indépendant. Le Chili forme 13 départements et 2 territoires et compte 1,600,000 habitants, en y comprenant les *Araucans*, nation farouche et belliqueuse qui occupe toute la partie sud-est. Un Européen y avait fondé un royaume, mais il a été expulsé depuis peu par les Chiliens. Capitale : *Santiago*; villes principales : *Valparaiso*, *La Conception*, *Valdivia*, *Cobija*.

En 1866, *Valparaiso*, ville ouverte, a été bombardée par les Espagnols qui ont soulevé, par cet acte de barbarie, l'indignation du monde entier.

Les îles *Chiloé* forment une des provinces du Chili.

République Argentine. — En 1535, *Buénos-Ayres* fut fondée par les Espagnols, sur la rive droite du *Rio de la Plata*; les jésuites pénétrèrent sur les bords du Parana et du Paraguay, et y établirent une sorte de république théocratique et communiste qui dura jusqu'en 1767. L'année suivante, Buénos-Ayres devint la capitale de la vice-royauté espagnole, dont faisaient partie le Haut-Pérou, le Paraguay et l'Uruguay. En 1810, l'insurrection qui créa l'indépendance de la Bolivie, amena en même temps celle du *Paraguay*, de l'*Uruguay* et de la *Confédération Argentine*.

Cette confédération est située au sud de la Bolivie et du Brésil, et comprend, dans son ensemble, 2,700,000 habitants.

La République Argentine est formée de 12 États confédérés, non compris la *Patagonie,* dont nous parlerons tout à l'heure ; sa capitale actuelle est *Bajada* ou *Parana,* car *Buénos-Ayres,* s'étant un instant séparé pour former un État distinct, a cessé d'y être prépondérant ; nous citerons en outre, comme villes principales, *Cordova, Tucuman* et *Mendoza.*

Le Paraguay a pour capitale l'*Assomption ; Montevidéo* est la capitale de la République orientale de l'Uruguay.

Les troupeaux de bœufs sont très-nombreux dans ce pays où se trouvent de fertiles vallées.

Brésil. — L'empire du Brésil est divisé en 20 provinces ; il occupe l'espace immense compris entre l'Atlantique, la Plata, la Bolivie, le Pérou et la Colombie. Il fut découvert en 1500 par les Portugais. Le roi de Portugal, forcé d'abandonner ses États en 1808, était allé s'y établir avec sa famille : une révolution y éclata après son retour en Europe, et a séparé de la métropole cette vaste colonie gouvernée aujourd'hui constitutionnellement par un souverain qui porte le titre d'empereur.

La population du Brésil s'élève environ à 10 millions d'âmes. Aucune autre religion que la religion catholique n'y est tolérée.

Ce pays, dont l'intérieur est peu connu, jouit d'un climat tempéré, mais l'air y est insalubre. Les forêts y sont peuplées d'arbres de précieuse ressource, tels que l'acajou, le campêche, l'ébénier. Le sol n'est pas moins riche en minéraux qu'en végétaux.

Rio-Janeiro, capitale du Brésil, est la résidence de l'empereur et le siége d'un évêché. Elle a un bon port, bien défendu, ce qui n'empêcha pas Duguay-Trouin de s'en emparer en 1711. Le chef-lieu de la province de *Rio de Janeiro* est *Nitheroy.* Les autres villes importantes sont : *San-Salvador* ou *Bahia,* (180,000 habitants), siége d'un archevêché, en possession d'un grand commerce, et *Pernambouc,* riche par ses bois de teinture.

La PATAGONIE, dont la République Argentine réclame la possession, occupe l'extrémité méridionale du continent et est peu connue. Ses habitants, au nombre de 200,000 ou 300,000, sont pasteurs et nomades et n'ont point de villes. Ce pays a été découvert par Magellan en 1529.

Parmi les îles qui se rattachent à la Patagonie, on peut citer : les *Malouines* ou *Falkland,* exploitées d'abord par des navigateurs de Saint-Malo, ensuite par les Espagnols et les Anglais, puis définitivement abandonnées ; la *Terre de feu,* séparée de la Patagonie par le détroit de *Magellan,* ainsi nommée de quelques volcans qui étaient en éruption lorsqu'on la découvrit ; la *Terre des États,* séparée de la Terre de

Feu par le détroit de Lemaire ; enfin la *Géorgie*, la *Terre de Sandwich* et le *Nouveau-Shetland*, inhabitables à cause du froid.

Autour du pôle austral sont situées la terre *Adélie*, la terre de *Victoria* et celle de *Louis-Philippe*, dont la découverte est récente.

Les Guyanes. — Cette contrée, située sur l'Océan Atlantique, entre l'embouchure de la rivière des Amazones et la Colombie, est couverte de forêts habitées par des tribus indiennes. Plusieurs établissements européens se sont fondés sur les côtes, qui sont généralement basses et insalubres, quoique les chaleurs équatoriales y soient tempérées par les vents qui règnent dans ces parages, par de nombreuses rivières et par le voisinage d'immenses forêts.

On divise la Guyane en trois parties :

1° La *Guyane anglaise;* population 120,000 habitants ; capitale *George-Town.*

2° La *Guyane hollandaise;* 60,000 habitants, capitale *Paramaribo.*

3° La *Guyane française;* 20,000 habitants, chef-lieu *Cayenne*, port de mer et résidence du gouverneur, dans une île formée par la rivière du même nom. Cette île a été affectée à la transportation des condamnés de la métropole. En 1798, les proscrits français ont fondé l'établissement de *Sinnamari*, à l'embouchure de la rivière de ce nom.

Les Guyanes comprenaient encore autrefois la

Guyane portugaise, réunie aujourd'hui au Brésil, et la *Guyane espagnole,* qui fait actuellement partie du Vénézuéla (Colombie).

—

Les Antilles. — Elles sont situées dans la mer de ce nom, en regard de l'Amérique centrale, et forment une chaîne qui s'étend depuis la pointe de la Floride jusque vers l'embouchure de l'Orénoque. Elles se divisent en trois groupes, savoir : les *Lucayes,* ou îles *Bahama,* les *Grandes Antilles* et les *Petites Antilles,* qui se divisent elles-mêmes en *îles du Vent* et *îles sous le Vent.*

Elles sont presque toutes remarquables par leur fécondité, et produisent la canne à sucre, le café, l'indigo ; mais le climat y est chaud, peu salubre, et elles sont dévastées souvent par des tremblements de terre et des ouragans.

Les *Grandes Antilles* sont au nombre de quatre ; savoir : *Cuba,* appartenant à l'Espagne, et dont la ville principale est *la Havane; Haïti ou Saint-Domingue,* autrefois colonie mi-partie française et mi-partie espagnole, aujourd'hui érigée en république; une partie est encore à l'Espagne; ses villes principales sont : *Port-au-Prince* et *le Cap;* — la *Jamaïque,* aux Anglais, ville principale, *King-Town; Porto-Rico,* aux Espagnols, ville principale *San-Juan.*

Les *Petites Antilles* appartiennent toutes à des

nations européennes qui y ont formé de nombreux établissements.

Les Anglais possèdent : *Antigoa*, la *Dominique*, la *Barbade*, la *Trinité*, *Sainte-Lucie*, *Saint-Vincent*, la *Grenade*.

Aux Français appartiennent : la *Martinique*, la plus riche et la plus importante de ce groupe, contenant 130,000 habitants, dont 12,000 blancs, et deux villes importantes : *Saint-Pierre* et *Fort-de-France*; la *Guadeloupe*, partagée en deux parties par un canal, et formant la *Grande-Terre*, chef-lieu *Pointe-à-Pître*, et la *Basse-Terre*; *Marie-Galante*, chef-lieu *Grand-Bourg*; les *Saintes*, nom donné à plusieurs îles dont les deux principales sont : *Terre d'en haut* et *Terre d'en bas*.

Les Hollandais occupent : *Saba*, *Saint-Eustache* et *Curaçao*; les Suédois, *Saint-Barthélemy*.

Le groupe des îles *Lucayes* ou de *Bahama* appartient aux Anglais; elles sont au nombre de cinq cents, parmi lesquelles il importe de citer celle de *San-Salvador*, la première terre que Christophe Colomb découvrit dans le nouveau monde en 1492.

NEUVIÈME SÉANCE.

Océanie. — Principaux archipels. — La Nouvelle-Calédonie.

L'Océanie est la réunion d'îles innombrables répandues dans le Grand Océan, depuis le 35e degré de latitude nord jusqu'au pôle antarctique, et depuis le 90e degré de longitude est jusqu'au 110e degré de longitude ouest. La plus considérable de ces îles est l'*Australie*, qui, par son étendue, peut mériter le nom de continent.

Les anciens ne connaissaient aucune partie de l'Océanie. En 1511, les Portugais découvrirent les *Moluques;* dix ans plus tard, Magellan passa le détroit qui porte son nom, et, traversant le Grand Océan, arriva aux Philippines, où il périt; ce fut son lieutenant, Sébastien del Cano, qui ramena l'expédition en Europe par le Cap de Bonne-Espérance, accomplissant ainsi le premier le tour du monde. Ce ne fut qu'au commencement du xviie siècle que les Hollandais découvrirent l'Australie.

Les plus célèbres voyageurs des xviiie et xixe siècles, auxquels on doit de connaître l'Océanie aussi bien que l'Amérique, sont Freycinet, Wallis, Vancouver, Van Diémen, Bougainville, d'Entrecasteaux et Dumont d'Urville.

Les mers qui baignent l'Océanie et qui lui servent de limites sont, à l'est et au nord, l'Océan Pacifique; à l'ouest, l'Océan Indien; au sud, l'Océan Glacial antarctique. Mais au milieu de tant d'îles rangées en cercle ou formant de longues chaînes, on trouve des divisions naturelles qui donnent naissance à des mers intérieures. Ainsi, au nord-ouest, la *mer de Chine* sépare la Malaisie de l'Asie, et dans l'intérieur

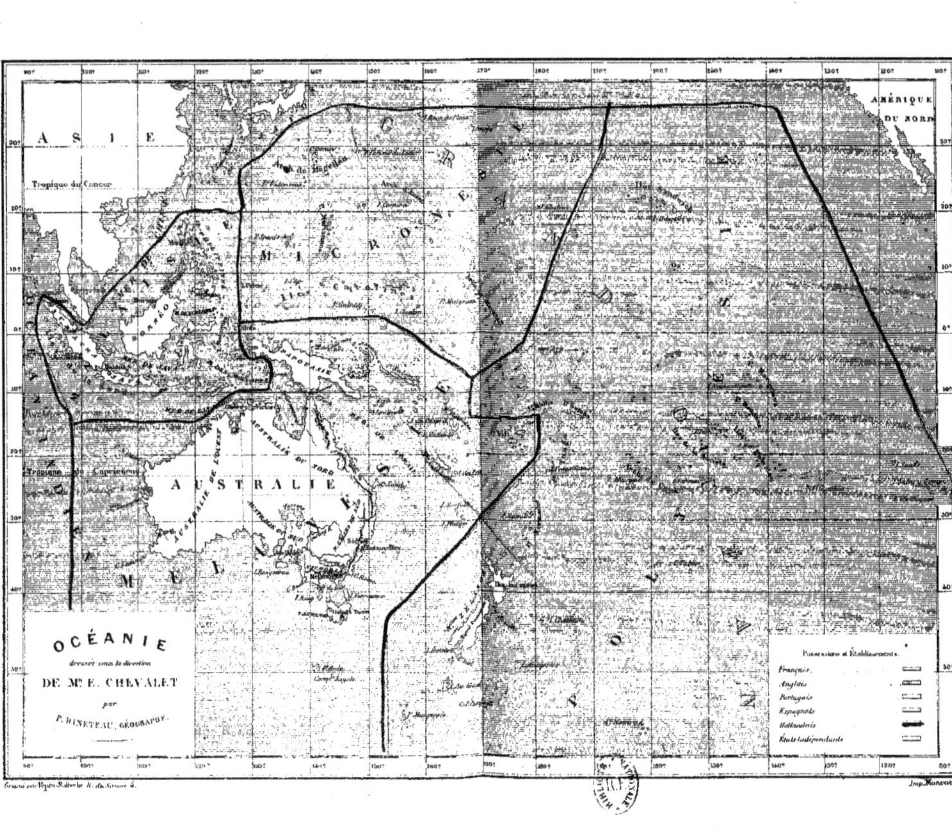

ASIE
AMÉRIQUE DU NORD
Tropique du Cancer
MICRONÉSIE
BORNÉO
AUSTRALIE
Australie de l'Ouest
Australie du Nord
Tropique du Capricorne
MALAISIE
POLYNÉSIE
OCÉANIE
dressée sous la direction
DE Mr E. CHEVALET
par
P. HINETEAU, GÉOGRAPHE.
Possessions et Établissements.
Français.
Anglais.
Portugais.
Espagnols.
Hollandais.
États Indépendants.
Imp. Monrocq.

de cet archipel sont les mers de *Java*, de la *Sonde*, des *Moluques*, des *Célèbes*, de *Corail*, toutes formées du Grand Océan.

Les habitants de l'Océanie appartiennent à deux races essentiellement différentes : la race *malaise*, variété de la race jaune, répandue dans la *Malaisie*, la *Micronésie* et la *Polynésie ;* et la variété de la race nègre, connue sous le nom de nègres océaniens, qui paraissent les plus stupides de l'espèce humaine ; elle occupe la *Mélanésie*. Nous venons d'indiquer ainsi les quatre divisions de cette cinquième partie du monde.

Les Européens, ayant créé de nombreux établissements sur tous les points de l'Océanie, se bornent généralement à exercer sur les indigènes un protectorat qui leur laisse la liberté de se gouverner comme ils l'entendent. L'usage de se tatouer est un signe caractéristique universellement répandu parmi eux.

La MALAISIE comprend les îles situées au sud du continent asiatique, savoir :

1° *Iles de la Sonde*, dont les plus importantes sont *Sumatra* et *Java*. Sumatra se divise en deux parties : l'une indépendante, qui comprend plusieurs États, dont les principaux sont : le royaume d'*Achem*, le royaume de *Siak* et le pays des *Baltas*. L'autre partie appartient aux Hollandais, qui y ont des établissements florissants.

Java, la plus belle des îles de l'Océanie, appar-

tient presque entièrement aux Hollandais. On y remarque *Batavia*, grande et belle ville, dont le
commerce est immense, chef-lieu de toutes les possessions hollandaises dans l'Océanie, et *Bantam*, capitale d'un royaume indépendant.

2° *Archipel de Bornéo.* — L'île de Bornéo, coupée
en deux parties par l'équateur, est, après l'Australie, la
plus grande du globe. Elle renferme des États indépendants. L'intérieur en est peu connu, et ses habitants sont d'une grande férocité. Le poivre, l'or et les
diamants sont les productions que ce pays livre au
commerce du monde entier.

3° Les *Philippines* (3,800,000 habitants) sont des
possessions espagnoles. Elles sont très-fertiles, mais
remplies de volcans qui les bouleversent fréquem-
ment. Les plus grandes sont *Luçon,* capitale *Manille*
(150,000 habitants); *Mindanao* et *Palawan.*

4° *Archipel des Célèbes.* — *Célèbes* est la seule
île considérable de ce groupe. Elle est soumise en
grande partie au gouvernement hollandais, et se
divise en plusieurs États plus ou moins indépendants,
dont le plus puissant est celui de *Macassar*, avec une
capitale du même nom, résidence d'un gouverneur
hollandais.

5° *Archipel des Moluques.* — Les *Moluques,*
qu'on appelle aussi *îles aux Épices*, se divisent en
divers groupes : ceux de *Gilolo*, de *Céram* et de
Banda. Ce dernier appartient aux Anglais. *Amboine,*

colonie hollandaise, est une ville presque aussi importante que Batavia.

La MÉLANÉSIE, dont le nom signifie *îles noires*, à cause de la couleur des naturels, est située au sud et à l'est de la Malaisie. Elle comprend :

1° L'*Australie* ou *Nouvelle-Hollande*, dont l'étendue représente celle des quatre cinquièmes de l'Europe. Les Anglais ont fondé sur la côte orientale une colonie de déportation, aujourd'hui peuplée de 250,000 habitants. Les villes principales de la colonie sont : *Sidney, Botany-Bay, Melbourne, Bathurst.* Melbourne est la capitale de la province de Victoria, et Perth, chef-lieu de la nouvelle colonie de la rivière des Cygnes. De récentes découvertes de mines d'or, plus riches encore que celles de la Californie, attirent en Australie des aventuriers de toutes les parties du monde. Ces colonies sont appelées la *Nouvelle-Galles du Sud.*

Le continent australien, exploré dans ces dernières années, est encore presque inconnu à l'intérieur : on y remarque les *Montagnes-Bleues*, au sud-est, et plusieurs fleuves, tels que le *Murrey*, le *Lachlan* et le *Darling*. Dans la côte septentrionale de l'Australie pénètre le grand golfe de *Carpentarie.*

2° La *Terre de Diémen* ou *Tasmanie*, grande île séparée du continent par le *détroit de Bas.* Elle renferme une importante colonie anglaise, dont la principale ville est *Hobart-Town.*

3° La *Nouvelle-Guinée* ou *Papouasie* est une très-grande île dont on ne connaît pas exactement l'étendue, n'ayant été explorée qu'en partie. Elle est séparée de l'Australie par le *détroit de Torrès*. Les Hollandais ont fondé un établissement dans cette contrée.

4° Les *archipels* situés à l'est et au sud de la Nouvelle-Guinée, dans l'Océan Pacifique, et parmi lesquels nous citerons : les *îles de l'Amirauté, l'archipel de la Nouvelle-Bretagne, l'archipel de Salomon,* celui *de La Pérouse,* célèbre navigateur français, envoyé par Louis XVI à la découverte de nouvelles îles dans ces parages, et dont les vaisseaux sont venus se briser contre de dangereux récifs; *l'archipel du Saint-Esprit* ou *des Nouvelles-Hébrides; l'archipel des îles Viti,* et enfin la *Nouvelle-Calédonie,* qui a 400 kilomètres de long sur 50 de large, occupée par la France depuis 1853.

Cette colonie, par sa situation sur la route des établissements anglais de l'Australie, est appelée à rendre à notre commerce et à notre marine les plus utiles services.

La POLYNÉSIE. — Elle se compose d'une multitude d'îles disséminées dans le Grand Océan, formant deux archipels considérables et d'autres moins importants.

Les deux premiers sont : les *îles Sandwich,* les plus civilisées de l'Océanie, et qui entretiennent de faciles relations avec les marines européennes. Elles furent découvertes par le capitaine Cook, qui y fut tué par les peuplades, alors sauvages, en 1778 ; *l'archipel de la Nouvelle-Zélande,* au sud, composé de deux grandes îles habitées par des peuples féroces. Autour d'elles sont groupées plusieurs petites îles, dont l'une est voisine des antipodes de Paris.

Au nombre des petits archipels, on peut citer les *îles Samoa* ou *des Navigateurs,* les *îles Tonga* ou *des Amis, de la Société* ou *Taïti ;* la principale de ce groupe, *Taïti,* chef-lieu *Papeïti,* est placée sous le protectorat de la France ; celui *des Marquises,* qui nous appartient, et dont les habitants, de même que ceux de Taïti, sont convertis au christianisme. Enfin les *îles Wallis,* l'*archipel Cook* et les *îles Pomotou* ou *îles Basses.*

La **Micronésie**. — Ce nom, qui signifie *petites îles,* est donné à une subdivision de la Polynésie, située au nord-ouest, et qui renferme les *îles de Marshall* ou *Mulgraves,* les *îles Carolines,* les *Mariannes,* l'*archipel de Magellan,* l'*archipel d'Anson.*

DIXIÈME SÉANCE.

Europe. — Limites. — Mers. — Principales montagnes. — Principaux bassins.

L'Europe, située au nord-ouest de l'ancien continent, s'étend du 35ᵉ au 71ᵉ degré de latitude nord, et du 13ᵉ degré de longitude ouest au 67ᵉ degré de longitude est.

Elle est bornée, au nord, par l'Océan Glacial arctique ; à l'ouest, par l'Océan Atlantique ; au sud, par le détroit de Gibraltar, la Méditerranée, l'Archipel, la mer de Marmara, le canal de Constantinople, la mer Noire, le mont Caucase ; à l'est, par la mer Caspienne, le fleuve Oural, les monts Ourals et le petit fleuve de Kara.

Ce continent est, comme on le voit, entouré d'eau de tous côtés, à l'exception de la partie occupée par les monts Ourals à l'est, et au sud par le mont Caucase, entre la mer Noire et la mer Caspienne.

On divise actuellement l'Europe en quinze contrées :

Quatre au nord : Suède et Norvége réunies, Danemark, îles Britanniques, Russie.

Six au centre : France, Belgique, Pays-Bas, empire d'Allemagne, Autriche-Hongrie, confédération helvétique ou Suisse.

Cinq au midi : Espagne, Portugal, Italie, Grèce, Turquie.

En passant en revue les particularités de chaque contrée, nous ne pourrons parler que de leur situation présente, ne pouvant répondre que du jour au lendemain il ne surviendra pas quelque remaniement territorial qui nécessitera des modifications à la division politique des États de l'Europe.

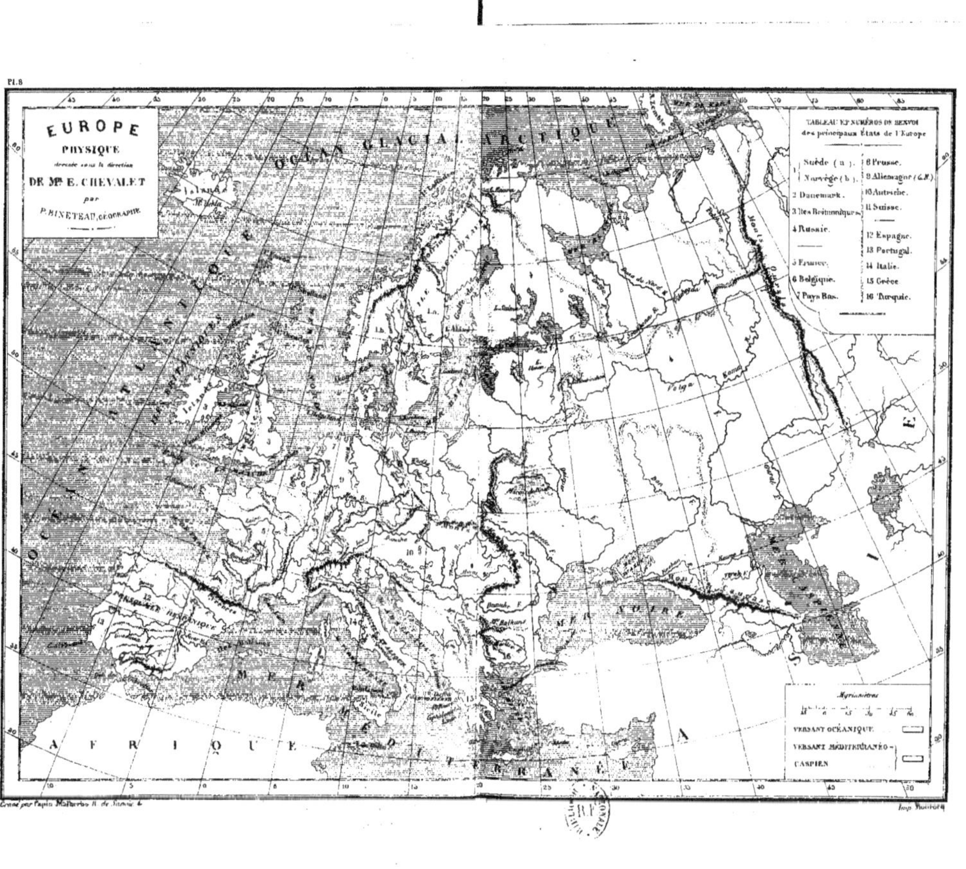

Pl. 8
EUROPE
PHYSIQUE
dressée sous la direction
DE Mᵐᵉ E. CHEVALET
par
P. BINETEAU, GÉOGRAPHE.
TABLEAU ET NUMÉROS DE RENVOI
des principaux États de l'Europe
Suède (a).
Norvège (b).
2 Danemark.
3 Iles Britanniques.
4 Russie.
5 France.
6 Belgique.
7 Pays Bas.
8 Prusse.
9 Allemagne (G.N.)
10 Autriche.
11 Suisse.
12 Espagne.
13 Portugal.
14 Italie.
15 Grèce.
16 Turquie.
OCÉAN GLACIAL ARCTIQUE
OCÉAN ATLANTIQUE
AFRIQUE
MER MÉDITERRANÉE
MER NOIRE
ASIE
Myriamètres
VERSANT OCÉANIQUE.
VERSANT MÉDITERRANÉO-
CASPIEN

Indépendamment des trois grandes mers qui baignent cette partie du monde, l'Océan Glacial arctique, l'Océan Atlantique et la Méditerranée, on peut en compter douze autres formées par celles-ci, et dont nous allons donner la nomenclature.

Mer Blanche, au nord de la Russie, formée par l'Océan Glacial.

Mers formées par l'Océan Atlantique : *mer du Nord,* entre les îles Britanniques, la Norvége, le Danemark et la Hollande ; *mer Baltique,* communiquant avec la mer du Nord par le détroit de Cattégat, entre la Suède, la Prusse et la Russie ; les golfes de Finlande, de Riga et de Bothnie sont formés par la Baltique ; la *Manche,* entre l'Angleterre et la France, reliée à la mer du Nord par le détroit du Pas-de-Calais ; la *mer d'Irlande,* entre l'Irlande et l'Angleterre ; la *mer de France* ou *golfe de Gascogne,* entre la péninsule hispanique et la France.

Mers formées par la Méditerranée : *mer de Sicile* ou *Tyrrhénienne,* au nord de la Sicile ; la *mer Adriatique,* entre l'Italie, l'Autriche et la Turquie ; la *mer Ionienne,* entre l'Italie et la Grèce ; les *mers de l'Archipel, de Marmara* et *mer Noire,* entre l'Europe et l'Asie, et la *mer d'Azof,* en communication avec la mer Noire par le détroit d'Iénikalé. — L'Archipel communique avec la mer de Marmara par le détroit des Dardanelles, et cette dernière avec la mer Noire par le Bosphore, nommé aussi détroit ou canal de Constantinople.

La mer Méditerranée forme encore les *golfes du Lion*, sur les côtes sud de la France; *de Gênes*, entre la France et l'Italie; *de Tarente*, prolongement de la mer Ionienne.

Montagnes. — Ligne de partage des eaux. — L'orographie générale de l'Europe peut être considérée comme formant les systèmes ci-après :

1. Système des montagnes de l'Angleterre et de l'Écosse;
2. — scandinave (*les Dofrines*);
3. — russe;
4. — des Karpathes,
5. — bohémien, } région allemande;
6. — hercynien,
7. — des Vosges,
8. — du Jura, } région française;
9. — des Cévennes,
10. — des Pyrénées;
11. — des Alpes;
12. — des Balkans;
13. — ibérien, région espagnole;
14. — des Apennins, région italienne;
15. — hellénique.

La ligne de partage des eaux est déterminée, savoir :

En Russie, par l'*Oural méridional*, l'*Oural central*, les *monts Uvalli*, le *plateau de Valdaï*, les *collines de Pologne*.

En Allemagne, les *monts Magura* (*Karpathes du Nord*), les *monts Sudètes*, les *monts de Moravie*, les *monts de Bohême*, le *Fichtelgebirge*, le *Jura de*

Franconie, les *Alpes de Souabe,* la *Forét-Noire méri-*
dionale, les *Alpes de Constance,* les *Alpes algavien-*
nes, les *Alpes centrales.*

En Suisse, les *Alpes bernoises,* le mont *Jorat,* le
Noirmont.

En France, le *Jura central,* le *Jura septentrional,*
les *Vosges méridionales,* les *monts Faucilles,* le *pla-*
teau de Langres, les *monts de la Côte-d'Or,* les *Céven-*
nes, les *Corbières occidentales,* les *Pyrénées centrales,*
les *Pyrénées occidentales.*

En Espagne, les *monts Cantabres,* les *monts*
Ibériens, la *Sierra-Nevada.*

Plusieurs volcans brûlent dans le sud de l'Europe :
le *Vésuve,* en Italie ; l'*Etna,* en Sicile ; le *Stromboli,*
dans les îles Lipari. L'Islande, grande île située au nord
de l'Angleterre, dans les régions de l'Océan Glacial,
renferme également un volcan, le *mont Hékla.*

L'Europe est divisée par la ligne de partage en
deux grands versants principaux : 1° le versant *océa-*
nique, comprenant l'*Océan Atlantique,* l'*Océan Glacial*
arctique, et quelques *mers inférieures ;* 2° le versant
méditerranéo-caspien, aussi divisé en plusieurs mers
secondaires. La Caspienne, quoiqu'elle paraisse isolée,
fait cependant partie du second versant, car elle
reçoit le Volga, qui parcourt la Russie.

Ces deux versants principaux se subdivisent en
versants secondaires, où se trouvent assez souvent
plusieurs *bassins de fleuves.*

Il ne faut pas confondre les mots *versants* et *bassins*. Un *bassin hydrographique*, dit Lamouroux dans son excellent ouvrage, « est l'*ensemble* des vallées « qui versent *dans le lit d'un fleuve* les eaux des « rivières et des ruisseaux *arrivant des terrains supé-* « *rieurs*. On peut le comparer, ajoute-t-il, à *un arbre* « dont la tige allongée est formée par une vallée « principale et dont les nombreuses ramifications le « sont par les vallées latérales ou secondaires. »

D'après ce qui précède, nous croyons devoir alors détailler ici les dix versants secondaires formés par ces différentes *mers*, savoir :

1° *Versant de l'Océan Glacial arctique*. — La *Pet-chora*, c'est le seul fleuve important qui se jette dans cet océan ; la *Duina du Nord*, formée de la réunion de la Vitchegda et de la Soukhona, et qui se jette dans la mer Blanche, ainsi que le fleuve *Onéga*.

2° *Versant de la mer Baltique*. — A l'est, la *Néva*, qui se jette dans le golfe de Finlande, après avoir arrosé Saint-Pétersbourg, capitale de la Russie ; la *Duina méridionale*, qui se jette dans le golfe de Livo-nie, près de Riga ; le *Niémen*, la *Vistule*, l'*Oder*, grossi de la *Wartha ;* à l'ouest, la *Tornéa*, et quelques autres fleuves d'un cours peu étendu.

3° *Versant de la mer du Nord*. — L'*Eider*, l'*Elbe*, avec la *Havel* et la *Saale*, le *Weser*, l'*Ems*, en Alle-magne ; le *Rhin*, avec le *Necker* et le *Mein* à droite, l'*Aar* et la *Moselle* à gauche, en Suisse, Allemagne et

Hollande ; la *Meuse* et l'*Escaut*, en France, Belgique et Pays-Bas ; le *Forth*, en Écosse ; l'*Humber* et la *Tamise*, en Angleterre.

4° *Versant de la Manche.* — La *Somme* et la *Seine*, en France.

5° *Versant de l'Océan Atlantique.* — La *Loire*, la *Charente*, la *Garonne* et l'*Adour*, en France ; le *Minho*, le *Douro*, le *Tage*, la *Guadiana* et le *Guadalquivir*, en Espagne et Portugal.

6° *Versant de la Méditerranée.* — L'*Èbre*, en Espagne ; le *Rhône*, en France ; l'*Arno* et le *Tibre*, en Italie.

7° *Versant de la mer Adriatique et de la mer Ionienne.* — Le *Pô*, avec ses affluents, qui sont, à droite : le *Tanaro*, la *Trebbia*, le *Taro*, la *Parma*, la *Secchia*, le *Panaro* et le *Reno*; à gauche : les deux *Doires*, la *Sésia*, le *Tésin*, l'*Adda*, l'*Oglio* et le *Mincio*; l'*Adige*, la *Piave*, le *Tagliamento* et l'*Izonzo*, en Italie.

8° *Versant de l'Archipel.* — Le *Vasili-Potamo*, le *Céphise*, en Grèce.

9° *Versant de la mer Noire et de la mer d'Azof.* — Le *Dniester*, le *Dniéper*, le *Don*, en Russie ; le *Danube*, qui arrose le grand-duché de Bade, le Wurtemberg, la Bavière, l'Autriche, la Hongrie, la Valachie et la Moldavie (Roumanie). Ses principaux affluents sont, à droite, l'*Iller*, le *Lech*, l'*Isar*, l'*Inn*, la *Traun*, l'*Ens*, le *Raab*, la *Drave*, la *Save*, la *Morava* et l'*Iskar*; à gauche : la *Wernitz*, la *Naâb*, la *March*, le *Vaag*, le *Gran*, la *Theiss*, le *Sereth* et le *Pruth*.

10° *Versant de la mer Caspienne*, dont nous avons parlé plus haut, et qui comprend : l'*Oural*, la *Kama* et le *Volga*, en Russie. Ce dernier est le plus grand fleuve de l'Europe.

Lacs. — Outre ses cours d'eaux nombreux, l'Europe renferme des masses d'eau situées dans l'intérieur des terres : ce sont les lacs. Les uns sont traversés par des rivières; d'autres en reçoivent, mais n'ont point d'issue par laquelle ils puissent les laisser échapper.

Dans la Suède, on trouve les lacs *Vener*, *Vetter* et *Mœlar*; en Russie, les lacs *Onéga*, *Ladoga*, *Ilmen* et *Peipous*; en Suisse, les lacs *Léman* ou de *Genève*, de *Neufchâtel*, de *Constance*, de *Zurich* et des *Quatre-Cantons*; en Hongrie, le lac *Balaton*; en Italie, les lacs *Majeur*, de *Côme*, de *Lugano*, de *Garde*, et le lac de *Pérouse*, ancien lac de *Trasimène*.

Iles. — Les principales îles de l'Europe sont : dans la mer Glaciale, le *Spitzberg*, la *Nouvelle-Zemble*, les îles *Loffoden*; dans la Baltique, les îles de *Rugen*, *Gothland*, *Œsel*, *Aland*; dans l'Atlantique, l'*Islande*, les *Feroë*, l'*archipel Britannique*; dans la Méditerranée, les *Baléares*, la *Corse*, la *Sardaigne*, la *Sicile* et *Malte*; dans l'Adriatique, les îles *Illyriennes*; dans la mer Ionienne, les îles de ce nom; dans la mer de l'Archipel, l'*Archipel grec* et *Candie*.

Presqu'îles. — Il y en a trois grandes : la Suède avec la Norvége, qui forment la *presqu'île Scandinave;* l'Espagne avec le Portugal, qui forment la *presqu'île Hispanique* ou *Ibérique;* et l'*Italie.*

Il y a encore trois petites presqu'îles : le *Jutland,* au nord du Danemark ; la *Morée,* au sud de la Grèce, et la *Crimée,* au sud de la Russie.

ONZIÈME SÉANCE.

États européens. — Iles Britanniques. — Suède et Norvége. — Danemark. — Russie.

Les *îles Britanniques,* situées au nord-ouest de l'Europe, se composent de deux grandes îles : la *Grande-Bretagne,* formée de l'*Angleterre* proprement dite et de l'*Écosse,* et l'*Irlande,* à l'ouest de la Grande-Bretagne; et de groupes d'îles disséminées autour de la métropole : les îles *Schetland* et les *Orcades,* au nord ; les *Hébrides* au nord-ouest, et les *Sorlingues* au sud-ouest; puis les îles de *Man* et d'*Anglesey,* dans la mer d'Irlande; *Wight, Jersey, Guernesey, Aurigny,* dans la Manche.

C'est cet ensemble de possessions qui constitue le *royaume-uni de la Grande-Bretagne et de l'Irlande.*

Après avoir été subjuguée par les Romains, par les Saxons et par les Angles, cette contrée devint la proie des Normands, conduits par Guillaume le Conquérant, duc de Normandie. Les Plantagenet se substituèrent, en 1154, à la dynastie normande. Le protestantisme anglican fut établi, en 1534, par Henri VIII. En 1603, Jacques Ier, de la famille des Stuarts, réunit sur sa tête les trois couronnes d'Angleterre, d'Écosse et d'Irlande. A la suite de la révolution de 1648, Charles Ier porte sa tête sur l'échafaud, et un semblant de république est institué sous le protectorat de Cromwell. Les Stuarts remontent sur le trône en 1660 : la révolution de 1688 les expulse de nouveau et fait place à la maison de Hanovre, qui continue de régner.

La religion dominante est le calvinisme anglican, où le chef de l'État est en même temps le chef de l'Église. L'Irlande seule est restée catholique, ce qui lui a attiré de longues persécutions de la part de ses envahisseurs.

Le gouvernement est monarchique constitutionnel; les femmes sont aptes à régner. La liberté individuelle est la base du régime politique en Angleterre, mais cette liberté est inconnue dans les questions de religion, où l'anglicanisme se montre d'une intolérance excessive.

La Grande-Bretagne est divisée en trois versants : le versant de l'Est, le versant du Sud et le versant de l'Ouest. Le premier est incliné vers la mer du Nord; le second vers la Manche; le troisième vers l'Atlantique et la mer d'Irlande.

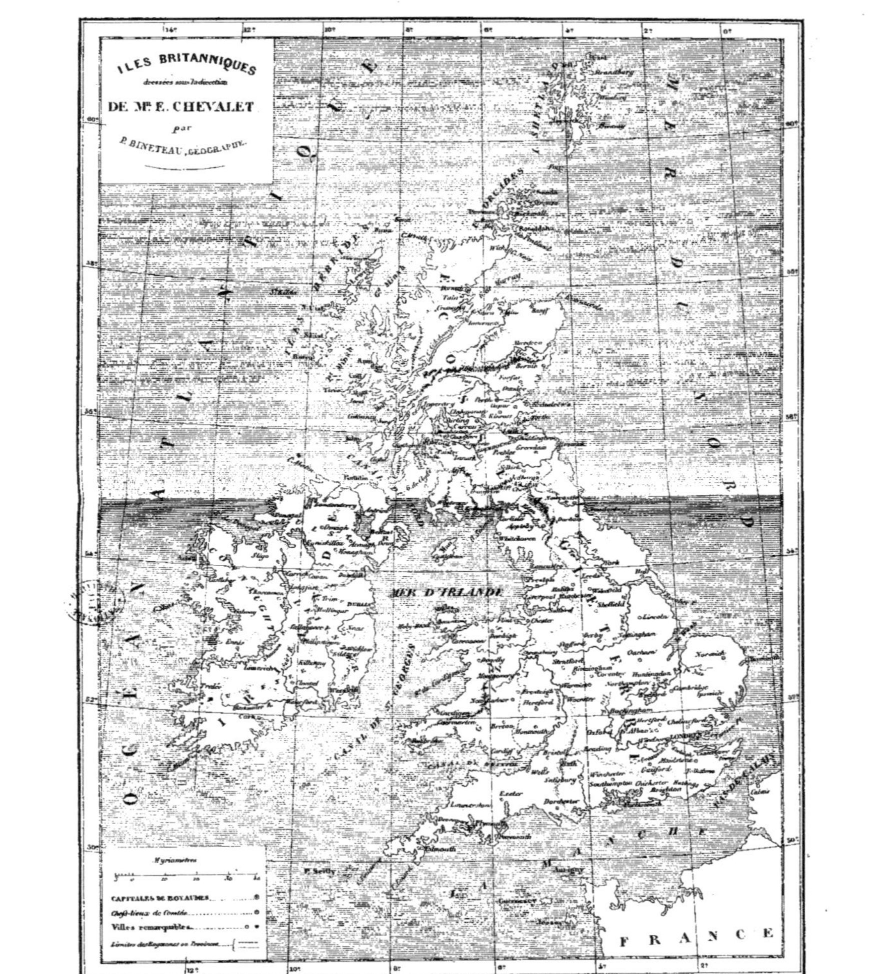

ILES BRITANNIQUES
dressées sous l'indication
DE M. E. CHEVALET
par
P. BINETEAU, GÉOGRAPHE.
OCÉAN ATLANTIQUE
MER DU NORD
MER D'IRLANDE
OCÉAN ATLANTIQUE
LA MANCHE
FRANCE
CANAL DE S. GEORGES
Myriamètres
CAPITALES DE ROYAUMES
Chefs-lieux de Comté
Villes remarquables
Limites des Royaumes ou Provinces

Les montagnes ou collines qui déterminent ces versants sont les monts *Moorlands,* les monts Grampians, les montagnes de Ross, au nord, et les monts Cheviots sur la frontière de l'Angleterre et de l'Écosse.

Entre les montagnes de Ross et les Grampians s'étend la vallée de la Ness, dans laquelle a été construit le canal calédonien qui va du golfe de Murray au golfe de Lynn, mettant ainsi en communication l'Océan Atlantique et la mer du Nord.

Les montagnes de Cornouailles et celles du pays de Galles ne sont que des rameaux détachés de la ligne de partage.

Parmi les fleuves, on remarque la *Tamise,* l'*Humber,* la *Severn,* la *Der,* la *Mersey,* et une infinité d'autres cours d'eau, en Angleterre ; en Écosse, la *Tweed,* la *Clyde,* le *Forth,* le *Tay,* le *Ness* ; en Irlande, on ne rencontre qu'un fleuve important : le *Shannon.*

Les canaux en abondance et le réseau le plus complet de chemins de fer facilitent les transactions commerciales de cette nation éminemment industrielle. L'agriculture n'y est pas moins en honneur que l'industrie. Le sol y produit des céréales, et de magnifiques pâturages permettent l'élève d'un nombreux bétail et de chevaux de race très-estimée. La richesse minérale du pays consiste dans l'étain du comté de Cornouailles et dans d'inépuisables mines de houille.

Le commerce de l'Angleterre est alimenté par les produits du monde entier, grâce aux possessions qu'elle occupe sur tous les points du globe. On n'y compte pas moins de 25,000 navires marchands, montés par 150,000 matelots.

Le Royaume-Uni est divisé en comtés : 52 en Angleterre, 33 en Écosse et 32 en Irlande.

La plupart de ces comtés portent le nom de la ville qui en est le chef-lieu.

La capitale de l'Angleterre est Londres, située sur la Tamise, dont la population est évaluée à 2,800,000 habitants.

Les villes maritimes sont : *Plymouth, Portsmouth, Darmouth, Southampton, Brighton,* sur la Manche ; *Folkstone, Douvres,* sur le Pas-de-Calais ; *Yarmouth, Kingston, Sunderland,* sur la mer du Nord ; *Whitehaven, Liverpool,* sur la mer d'Irlande ; *Bristol,* sur le canal de ce nom.

Dans l'intérieur se trouvent les villes de *Greenwich,* par l'Observatoire duquel les Anglais font passer leur premier méridien ; *Woolwich, Cantorbery, Oxford, Bath, Birmingham, Manchester ;* ces deux dernières très-peuplées et les plus industrieuses de toute la Grande-Bretagne ; *Salfort, Preston, Newcastle, Leeds, Halifax,* etc.

La capitale de l'*Écosse* est *Édimbourg,* ville très-commerçante, sur un golfe. Les autres villes importantes de cet ancien royaume sont : *Leith, Aberdeen, Dundée, Berwick, Glascow.*

L'*Irlande* a pour capitale *Dublin,* siége d'une université, et qui renferme 250,000 habitants. Les autres villes que l'on peut citer sont : *Belfast, Galway, Limerick, Cork.*

Outre ses innombrables possessions dans les diverses parties du monde que nous avons fait connaître successivement, l'Angleterre possède en Europe : *Gibraltar*, en Espagne, où elle tient les clefs de la Méditerranée ; l'île de *Malte*, où elle domine le passage entre les deux grands bassins de cette mer ; l'île d'*Héligoland*, ou d'*Elgoland*, près du Danemark.

Si l'on cherche sur une carte du monde les points où flotte le pavillon britannique, on verra qu'il y a à peine une grande position, soit commerciale, soit stratégique, dont il n'ait pris possession.

—

Suède et Norvége. — Sous le nom de Scandinavie, on désigne les pays qui forment aujourd'hui la Suède et la Norvége. C'est de là et de la *Chersonèse cimbrique* (Danemark) que partirent les Northmans ou Normands qui ravagèrent l'Europe pendant plus de deux siècles.

Jusqu'en 1523, la Suède appartint au Danemark, mais Gustave Wasa chassa les Danois, et la Suède devint alors la première puissance militaire du Nord. Après la défaite de Charles XII à Pultawa, la décadence est venue. En 1810, le roi Charles XIII agréa comme successeur le général français Bernadotte, qui régna sous le nom de Charles XIV, et dont la famille occupe encore le trône. La Norvége, qui, jusqu'en 1813, avait appartenu au Danemark, fut donnée à la Suède comme récompense de ce qu'elle avait pris part à la dernière coalition contre la France.

La *Suède* est divisée en trois parties, le *Nordland*, le *Svaeland* (Suède propre) et la *Gothie*, qui se subdivisent en vingt-quatre préfectures.

La Suède compte 4,200,000 habitants ; la Norvége, 1,800,000. Les Lapons, répandus dans le *Nordland*, le *Finmark* et dans le *N.-O. de la Russie*, sont près de 100,000. Le climat est froid au nord, brumeux au sud. De vastes forêts de pins servent à l'industrie du pays, qui se livre à la construction des navires, tout en exportant une grande partie de ses bois. Des mines abondantes de fer, d'étain et de cuivre sont aussi activement exploitées.

La Laponie ne produit rien, et ses habitants y vivent de la pêche. C'est chez eux qu'on trouve le renne, animal très-utile par sa sobriété, sa fourrure et son agilité à tirer les traîneaux.

Le luthéranisme est la religion dominante dans toute la presqu'île. Le gouvernement y est monarchique constitutionnel.

Stockholm, ville de 140,000 habitants, est la capitale de la Suède, avec un port et un arsenal sur la

Baltique. Les autres villes principales sont : *Upsal*, *Lund*, universités ; *Tornéa*, *Pitéa*, *Uméa*, sur le golfe de Bothnie ; *Nikœping*, *Norrkœping*, sur la Baltique ; *Carlscrona*, *Christianstadt*, *Malmoœ*, *Landscrona*, *Helsingborg*, sur le Sund ; *Halmstadt*, *Gœtheborg*, sur le Cattégat.

La *Norvége* forme cinq diocèses, *Aggershuus*, *Christiansand*, *Bergen*, *Drontheim* et *Tromsœ*. Ces diocèses sont partagés en dix-sept bailliages.

On divise encore ce pays en quatre provinces : *Sœndenfield*, *Nordenfield*, *Nordland* et *Finmark*. Assez souvent on comprend le *Finmark* dans le *Nordland* norvégien, ce qui les réduit à trois.

Nous allons citer les villes les plus importantes :

Dans le diocèse d'Aggershuus, *Christiania*, capitale, sur le golfe de ce nom, 65,000 habitants ; *Christiansand*, sur le Skager-Rack ; *Bergen*, *Drontheim*, *Drammen*, ports ; *Frederickshall*, où Charles XII fut tué en 1718.

A l'ouest de la péninsule se trouvent les îles de *Loffoden* et de *Tromsœ*, dans l'Océan Glacial ; dans la mer Baltique, les îles d'*Œland* et de *Gottland*. Enfin, la Suède possède encore l'île de *Saint-Barthélemy* dans les petites Antilles.

———

DANEMARK. — Le *Danemark* (ancienne Chersonèse cimbrique) est situé entre la mer du Nord, le Skager-Rack, le Cattégat et la mer Baltique. Il se compose d'une partie continentale plus particulièrement appelée le *Jutland,* et de plusieurs îles situées à l'entrée de la mer Baltique, dont les plus importantes sont *Séeland* et *Fionie.* L'*Islande* et les îles *Féroë* dépendent aussi du Danemark.

Quoique le climat de cette contrée soit froid et brumeux, les produits du sol suffisent aux besoins et à la consommation des habitants. L'Islande abonde en fer, en cuivre, plomb et soufre ; on y trouve quantité de laves et autres matières vomies par l'Hékla.

L'autorité du roi est absolue en Danemark, malgré l'établissement récent d'états provinciaux.

Le Danemark, où le luthéranisme est dominant, quoique les autres cultes y soient tolérés, est divisé en provinces et duchés, subdivisés en bailliages. Les duchés de Sleswig, de Holstein et de Lauenbourg, situés sur le continent, lui appartenaient il y a peu de temps encore ; l'Autriche et la Prusse ont trouvé bon de s'en emparer par la force, ce qui a été le point de départ des conflits sanglants qui ont éclaté entre ces deux puissances. (Voir le cours d'*Histoire contemporaine.*)

Les villes principales sont : *Copenhague* (180,000 habitants), située dans l'île Séeland, avec un port très-commerçant sur le détroit du Sund ; *Roskild, Elseneur ;* dans l'île Fionie, *Odensée ; Reikiavick,* chef-lieu de l'Islande.

Le Danemark a été jadis riche en colonies ; il les a toutes vendues à l'Angleterre, il ne lui reste plus que la côte occidentale du *Groënland, Saint-Thomas, Saint-Jean,* dans l'Océan Atlantique, et l'île *Sainte-Croix,* une des mieux cultivées et des plus fertiles des petites Antilles.

—

RUSSIE D'EUROPE. — L'empire russe, habité par des peuplades presque sauvages, était à peine connu de l'Europe au moyen âge. Le christianisme n'y pénétra qu'au commencement du xie siècle, sous Wladimir. Michel Romanoff fonda en 1613 la dynastie qui porte son nom. Pierre le Grand, qui régna de 1682 à 1725, fit sortir ce pays de son obscurité, et n'épargna rien pour initier son peuple à la civilisation occidentale. Le testament politique laissé par ce souverain montre Constantinople comme le but auquel doivent tendre les efforts incessants de ses successeurs, et aucun d'eux, il faut le reconnaître, n'a reculé devant les obstacles pour faire honneur au vœu de Pierre le Grand.

La superficie de la Russie d'Europe est de 5,870,000 kilomètres carrés, et comprend ainsi une étendue dix fois plus considérable que celle de la France. Sa population est de 72 millions d'âmes, dont 55,000,000 professent la religion grecque, 7,500,000 la religion catholique, le reste se composant de luthériens, de juifs, de mahométans.

Le climat de la Russie est généralement froid au nord, où le sol ne produit que des bois résineux ; mais au midi, la température y est douce et permet d'y récolter, en abondance, le blé, le chanvre, le lin, la vigne. Les richesses minérales, or, platine, fer, cuivre, argent, offrent d'immenses ressources, et l'on trouve en quantité des pierres précieuses dans les monts Ourals.

L'industrie des cuirs y a pris une extension considérable, et depuis quelque temps on y fabrique les soieries, les toiles, les draps, la porcelaine, les cristaux, la quincaillerie, la carrosserie et les armes. Le commerce des fourrures y donne lieu à des transactions qui ont le monde entier pour débouché. La Crimée est le plus important marché de céréales de l'Europe, à laquelle elle fournit abondamment, même lorsqu'il y a insuffisance partout ailleurs.

Le gouvernement y est absolu et les femmes sont admises à l'exercer. Le chef de l'État porte le titre d'empereur ou de czar (corruption du mot César), et il est le chef suprême de la religion nationale. Sa volonté, raisonnée ou non, fait loi pour la noblesse, la bourgeoisie, les paysans qui composent la nation ainsi hiérarchisée. L'empereur Alexandre, aujourd'hui régnant, a mené à bonne fin la grande œuvre de l'émancipation des serfs.

La Russie est partagée en soixante gouvernements qui se rattachent à neuf grandes divisions territoriales.

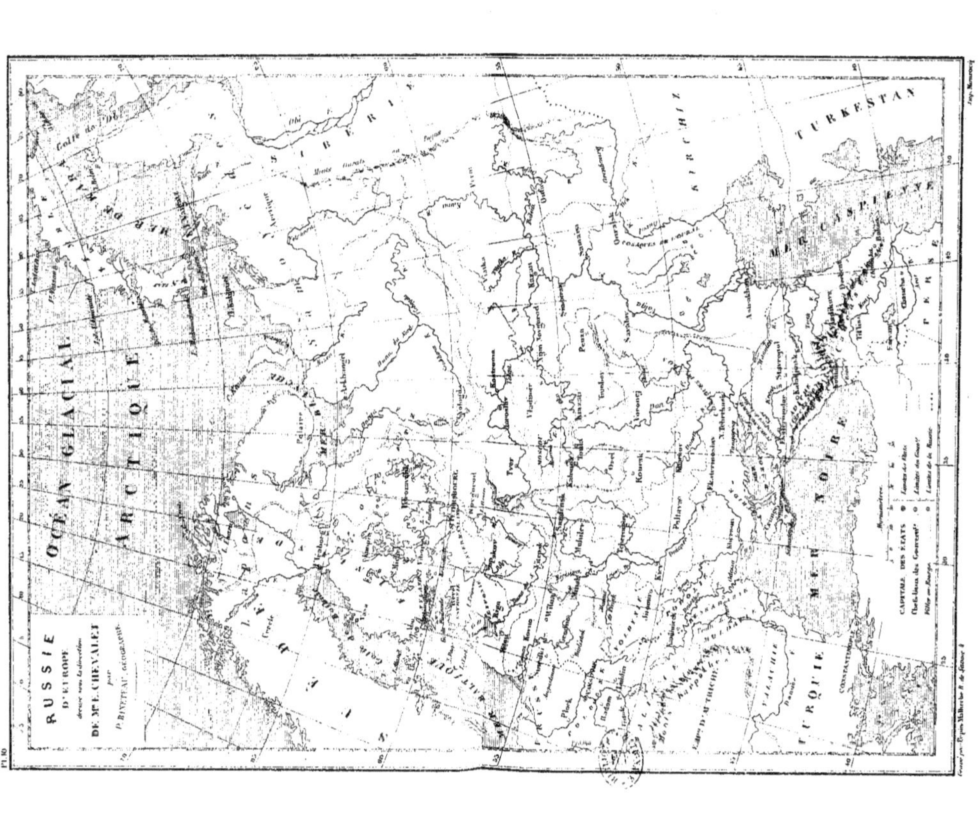

1° *Russie occidentale du Nord* (provinces baltiques et suédoises).

Gouvernement de Saint-Pétersbourg (Ingrie) : chef-lieu, Saint-Pétersbourg, sur la Néva, capitale de l'empire (670,000 habitants); *Cronstadt*, port de guerre, grand arsenal de la marine russe ; *Esthonie*, Revel ; *Courlande*, Mittau.

Grand-duché de Finlande : Helsingfors, Abo, Nistadt, sur le golfe de Bothnie ; *Sweaborg*, bombardée par une escadre anglo-française pendant la guerre de Crimée ; *Frederiksham*, sur le golfe de Finlande ; *Kenholm*, sur le lac Ladoga ; *Viborg* (Carélie).

2° *Russie occidentale du Sud* (provinces polonaises).

Livonie : Riga, Dunamunde.

Royaume de Pologne : Varsovie, sur la Vistule (150,000 habitants) ; *Kowno, Praga, Pultusk, Lublin, Zamosc.*

Lithuanie : Vilna, Grodno, y compris *Bialistok, Minsk, Mohilev, Vitepsk.*

Volhynie : Jitomir.

Podolie : Kaminiec.

3° *Russie septentrionale : Arkhangel,* sur la mer Blanche, *Olonetz, Vologda.*

4° *Russie centrale* ou *grande Russie : Moscou,* 380,000 habitants (campagne de 1812), *Nowgorod, Pshow, Smolensk, Tver, Kalouga, Iaroslaw, Nijni-Nowgorod, Riazan, Orel, Vladimir.*

5° *Petite Russie* (Ukraine): *Kiev, Pultava, Tchernigov.*

6° *Russie méridionale* ou *Nouvelle-Russie* (Cosaques du Don, anciennes provinces turques) : *Kherson, Odessa, Otchakov, Ovidiopol,* ports sur la mer Noire ; *Azof, Taganrog,* sur la mer d'Azof ; *Kichnev, Bender, Akermann, Chotim,* dans la Bessarabie ; *Simféropol, Sébastopol, Caffa,* dans la Crimée ; *Pérécop,* sur l'isthme de ce nom ; *Kertch,* à l'entrée du détroit d'Iénikalé.

7° *Russie orientale de l'Oural : Perm, Viatka, Orenbourg.*

8° *Russie orientale du Volga et de la mer Caspienne* (Kalmouks, Baskirs) : *Kazan, Astrakan,* sur la mer Caspienne ; *Nijnii-Novgorod, Simbirck, Saratov, Samara* (Cosaques de l'Oural), etc.

9° *Russie du Caucase : Stavropol, Derbent, Kouba,* sur la mer Caspienne, etc.

Nous avons vu que la Russie possède en Asie : la Sibérie, les provinces maritimes en suivant le cours de l'Issouri et de l'Amour, etc., de plus, le nord du Turkestan, et bientôt peut-être toute la *Boukharie* jusqu'au Cachemyre. On peut y ajouter la Géorgie (en Asie), entre le Caucase, la mer Caspienne, l'Arménie et la Perse. C'est à ses dernières guerres avec les montagnards du Caucase (voy. mon *Précis d'histoire moderne et contemporaine*) que la Russie doit cette possession définitive, dont le chef-lieu est *Tiflis,* et où l'on rencontre encore les villes d'*Erivan,* place forte, et de *Bakou,* sur la mer Caspienne.

DOUZIÈME SÉANCE.

Empire d'Allemagne. — Prusse. — Autriche. — Principautés danubiennes.

L'Allemagne, d'où sortirent les hordes des Teutons, est l'ancienne Germanie des Romains. Elle a fait partie de l'empire de Charlemagne, et la descendance de ce grand homme y a régné jusqu'en 911. La couronne devint alors élective et passa dans la maison de Saxe, puis dans celle de Hapsbourg. L'empire d'Allemagne atteint son plus haut degré de puissance sous Charles-Quint et semble marcher vers la décadence après la guerre de Trente ans (1618-1648). La guerre de succession, au moment de la mort de Charles VI, en 1740, fait passer la couronne sur la tête du duc François de Lorraine, époux de la fameuse Marie-Thérèse.

En 1806, Napoléon bouleverse la constitution politique du pays : François II renonce au titre d'empereur d'Allemagne pour prendre celui d'empereur d'Autriche sous le nom de François Ier; les petits États, réunis sous le titre de Confédération du Rhin, se transforment, par les traités de 1815, en *Confédération germanique*. Le *royaume de Hanovre* est créé, celui de Westphalie supprimé.

Depuis cette époque, la Confédération était formée de trente-six États unis pour le maintien de leur indépendance et pour se prêter un mutuel appui contre les attaques de l'étranger.

La Prusse, l'Autriche, la Hollande, ne faisaient partie de la Confédération que pour celles de leurs possessions qui sont d'origine allemande. Le Danemark y était compris, jusqu'en 1865, pour les duchés de Holstein et de Lauenbourg.

La Confédération germanique était naguère une oligarchie fédérative ; la Diète siégeait à Francfort.

L'Allemagne est le berceau de l'imprimerie et de la plupart des sciences d'application. Le protestantisme y a pris naissance et continue d'y être la religion la plus pratiquée. La littérature et la philosophie y sont en grand honneur, et les autres arts y sont également cultivés avec succès.

La constitution politique de l'Allemagne a été entièrement remaniée depuis les guerres de 1866 entre la Prusse et l'Autriche, et de 1870-1871 entre la Prusse et la France.

Les vingt-six États dont se compose aujourd'hui l'Allemagne reconnaissent la suprématie de l'empereur qui est en même temps roi de Prusse.

Le *Reichstag*, ou parlement, qui siége à Berlin, représente les États groupés sous le sceptre impérial.

États composant l'empire d'Allemagne :

Alsace-Lorraine, gouvernement impérial formé de conquêtes faites sur la France et cédées par les traités de 1871, renferme l'ancien département français du

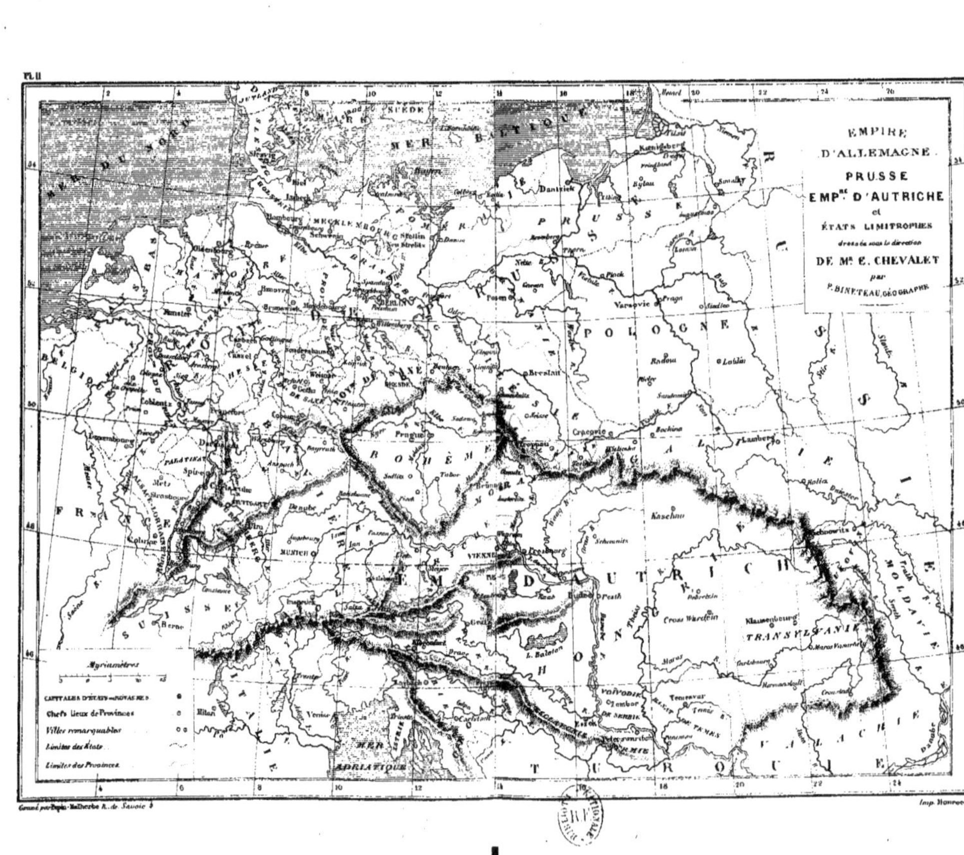

EMPIRE D'ALLEMAGNE.
PRUSSE
EMP.re D'AUTRICHE
et
ÉTATS LIMITROPHES
dressés sous la direction
DE M.r E. CHEVALET
par
P. BINETEAU, GÉOGRAPHE.
Myriamètres
CAPITALES D'ÉTATS ou PROVINCES.
Chefs Lieux de Provinces.
Villes remarquables.
Limites des États.
Limites des Provinces.
MER DU NORD
MER BALTIQUE
MER ADRIATIQUE
SUÈDE
DANEMARK
PRUSSE
POLOGNE
BOHÈME
AUTRICHE
HONGRIE
TRANSYLVANIE
MOLDAVIE
VALACHIE
TURQUIE
FRANCE
SUISSE
BELGIQUE
HANOVRE
MECKLEMBOURG
POMÉRANIE
SILÉSIE
GALICIE
BERLIN
VIENNE
MUNICH
Gravé par Papin-Malherbe A. de Savoie
Imp. Hanrucq

Bas-Rhin, la plus grande partie du département du Haut-Rhin, les quatre cinquièmes de celui de la Moselle, et partie des anciennes limites des départements de la Meurthe et des Vosges.

Ce gouvernement est divisé en trois provinces : *Haute-Alsace*, *Basse-Alsace* et *Lorraine*. Cette annexion a enlevé à la France 1,550,000 habitants et les villes de Strasbourg, Metz, Mulhouse, Colmar, Thionville, Sarreguemines, Château-Salins, Sarrebourg, Dieuze, Wissembourg, Haguenau, Saverne, Schlestadt, etc.

Anhalt (duché), gouvernement constitutionnel héréditaire, enclavé dans la province prussienne de Saxe. La capitale est Dessau sur la Mulde.

Bade (grand-duché), gouvernement constitutionnel et héréditaire. Il renferme 1,500,000 habitants, et *Carlsruhe*, sa capitale, 37,000. Les villes principales sont : *Mannheim*, *Heidelberg*, *Baden*, *Rastadt*, célèbre par les conférences de 1714 et de 1798, et *Constance*, où s'est tenu, de 1414 à 1418, un grand concile qui eut pour résultat le supplice des réformateurs Jean Huss et Jérôme de Prague.

Bavière (royaume). C'est le royaume (monarchie constitutionnelle) le plus considérable de l'Allemagne intérieure ; il renferme 4,900,000 habitants et est formé de deux parties séparées : la Bavière proprement dite, capitale *Munich*, 170,000 habitants, et le *Palatinat*, ou *Bavière Rhénane*, avec *Spire* pour chef-lieu. Les autres villes remarquables sont : *Nuremberg*, 80,000 habitants ; *Augsbourg*, 46,000 habitants ; *Ratisbonne*, 30,000 habitants.

On peut citer encore *Hochstædt* et *Nordlingen*, célèbres par plusieurs batailles.

Brême (dite ville libre et hanséatique, 83,000 habitants). Une république qui ne serait pas libre de se séparer de l'empire allemand.

Brunswick (duché).

Hambourg (ville libre et hanséatique, 240,000 habitants). Même observation que pour Brême.

Hesse (grand-duché).

Lauenbourg (duché).

Le duché de Lauenbourg avait été cédé par le Danemark aux souverains de l'Autriche et de la Prusse dans le traité de Vienne du 30 octobre 1864. Par le traité de Gastein (14 août 1865), le roi de Prusse est devenu seul souverain de ce pays et porte, avec celui d'empereur et roi, le titre de duc de Lauenbourg.

Lippe (principauté).

Lübeck (ville libre et hanséatique).

Mecklembourg-Schwérin (grand-duché).

Mecklembourg-Strélitz (grand-duché).

Oldenbourg (grand-duché).

Reuss (principauté). Ligne aînée, ayant le siége du gouvernement à *Greiz*. Ligne cadette, siége du gouvernement à *Géra*.

Saxe (royaume). La capitale est *Dresde*. On y trouve

encore *Leipzig*, où se livra, en 1813, une grande bataille qui fut funeste aux Français, et *Bautzen*, où ils furent vainqueurs des Russes et des Prussiens.

Saxe-Altenbourg (duché).

Saxe-Cobourg et Gotha (duché).

Saxe-Meiningen (duché).

Saxe-Weimar-Eisenach (grand-duché).

Schaumbourg-Lippe (principauté).

Schwarzbourg-Rudolstadt (principauté).

Schwarzbourg-Sondershausen (principauté).

Waldeck (principauté).

Wurtemberg (royaume). Capitale, *Stuttgart*. Ville principale, *Ulm*, sur le Danube.

PRUSSE. — Le duché de Brandebourg, de simple électorat qu'il était auparavant, fut érigé en royaume de Prusse sous Frédéric Ier, en 1742. La Silésie fut conquise par Frédéric II, surnommé *le Grand,* dont les États ne tardèrent pas à s'agrandir à la suite des démembrements de la Pologne. Les pertes que fit la Prusse dans ses guerres contre Napoléon furent amplement réparées par les traités de 1815, qui lui donnèrent une partie de la Saxe, de la Poméranie suédoise, de la Westphalie et des provinces rhénanes. Aujourd'hui la Prusse, après avoir expulsé l'Autriche de la Confédération, a formé l'empire d'Allemagne, sur lequel elle exerce une influence naturellement prépondérante.

La Prusse est en général un pays de plaines, couvert de lacs, de forêts et d'étangs, et traversé dans sa partie méridionale par la chaîne des Karpathes. Les provinces rhénanes jouissent d'une grande richesse de productions ; les terrains y sont fertiles, et il s'y trouve d'excellents vignobles.

On professe en Prusse le luthéranisme ; les catholiques et les juifs forment l'appoint de la population, qui de 18 millions d'âmes s'élève, par suite des récentes annexions, au chiffre de plus de 25,000,000.

C'est un gouvernement monarchique constitutionnel, où la constitution n'est pas sans avoir essuyé, dans les derniers temps, des infractions assez notables.

Avant l'annexion dont nous venons de parler, la Prusse était divisée en huit provinces, subdivisées en vingt-cinq gouvernements ou régences.

1° *Brandebourg*, chef-lieu *Berlin*, capitale du royaume (825,000 habitants) ; villes principales : *Potsdam*, *Francfort - sur - l'Oder*, *Charlottenbourg*, *Spandau*, *Custrin*.

2° La *province de Saxe*, chef-lieu Magdebourg (85,0000 habitants) ; autres villes : *Halle*, *Erfurt*, *Torgau*, *Rossbach* et *Lützen*, qui rappellent, l'avant-dernière une défaite, et la dernière une victoire des Français.

3° *Poméranie*, chef-lieu *Stettin* (76,000 habitants).

4° *Silésie*, chef-lieu *Breslau* (208,000 habitants).

5° *Westphalie*, qui fut érigée en royaume en faveur de Jérôme Bonaparte ; chef-lieu *Munster* ; villes principales : *Paderborn, Minden, Arensberg*.

6° *Province du Rhin*, comprenant les importantes villes de *Cologne, Dusseldorf, Coblentz, Aix-la-Chapelle, Trèves, Wesel, Bonn, Sarrelouis.*

7° La *province de Prusse*, divisée en *Prusse orientale* et *occidentale.*

La *Prusse orientale*, chef-lieu *Kœnigsberg* (112,000 habitants); villes à citer : *Memel, Tilsitt, Eylau* et *Friedland;* et la *Prusse occidentale*, chef-lieu *Dantzig*, place forte et port à l'embouchure de la Vistule; villes principales : *Thorn, Culm, Marienbourg.*

8° *Grand-duché de Posen* ou *Posnanie*, chef-lieu *Posen* (58,000 habitants) ; ancienne capitale de la Grande-Pologne.

9° La province de *Slesvig-Holstein*, formée des anciens duchés de Slesvig et de Holstein, qui ont été enlevés, en 1864, à la monarchie danoise.

10° La *province de Hanovre*, formée de l'ancien royaume de même nom. *Hanovre*, chef-lieu de cette province, renferme 88,000 habitants. Les autres villes à citer sont : *Hildesheim, Goslar, Zell* sur l'Aller; *Lunebourg, Stade, Harbourg, Osnabrück, Gœttingue.*

11° La *province de Hesse-Nassau*, formée de l'ancienne Hesse-Électorale, du landgraviat de Hesse-Hombourg, de l'ancien duché de Nassau et du territoire de *Francfort-sur-le-Mein*. Le chef-lieu de cette province est *Cassel*. On y trouve encore les villes de *Fulde, Marbourg, Hanau, Smalcalde*, célèbre par la ligue qu'y formèrent les protestants contre Charles-Quint ; *Wiesbaden, Johannisberg.*

Enfin, on peut ajouter aux possessions de la Prusse le petit pays de *Hohenzollern,* berceau de la famille régnante, situé entre le Wurtemberg et le grand-duché de Bade. *Sigmaringen,* sur le Danube, est le chef-lieu de cette petite principauté.

AUTRICHE-HONGRIE.

AUTRICHE. — L'Autriche proprement dite est ce que les anciens appelaient la *Pannonie.* Elle était d'abord un margraviat qui, en 1156, fut érigé en duché. Rodolphe de Hapsbourg, empereur d'Allemagne en 1273, fit entrer ce territoire dans le domaine de sa famille, qui, à dater de 1438, fournit exclusivement les empereurs. Les alliances, les héritages, les transactions contribuèrent à donner de vastes proportions à un domaine relativement peu étendu d'abord, et qui sous Charles-Quint s'agrandit démesurément.

Henri IV, Richelieu, Louis XIV et Napoléon Ier eurent pour politique principale d'abaisser cette puissante maison. Dans ses guerres contre la France, de 1797 à 1809, l'Autriche fut considérablement diminuée. En 1815, elle reprit ses possessions d'avant 1789, moins les *Pays-Bas,* et y ajouta la *Vénétie* et la *Dalmatie ;* le *Milanais,* le *Mantouan* et la *Vénétie*

formèrent le royaume *Lombard-Vénitien*. En 1846,
Cracovie, ville libre, dernier débris de la Pologne,
fut incorporée à l'Autriche, au mépris des traités.

La guerre d'Italie, en 1859, lui enleva la Lombardie,
mais la Vénétie restait sous le joug de l'Autriche.

La guerre de 1866 entre l'Autriche, d'une part, la
Prusse et l'Italie de l'autre, a encore arraché cette
province à l'Autriche, et l'a fait rentrer sous le sceptre
de l'Italie unifiée.

Le vaste empire d'Autriche est coupé en tous sens
par deux grands systèmes de montagnes. Au nord et
à l'est, la chaîne des *Karpathes*, qui va se rattacher
aux monts *Sudètes*; à l'ouest, les *monts de Bohême* et
les *Alpes du Tyrol*, où l'on trouve des sites très-pitto-
resques; au sud, des plaines boisées, mais déparées
par de nombreux marais. Le sol est d'ailleurs fertile
et bien cultivé.

Trieste est le centre des opérations maritimes. Le
Danube, qui reçoit tant d'affluents, est le principal fleuve.

Le catholicisme est la religion dominante.

L'empire d'Autriche est divisé en treize gouvernements :

1° *Archiduché d'Autriche et Salzbourg*, chef-lieu
Vienne, capitale de l'empire (835,000 habitants), et
dans le voisinage la résidence impériale de *Schœn-
brunn*; villes principales : *Lintz, Salzbourg, Ischl*.
Non loin de Vienne est le village de *Wagram*, célèbre
par la bataille qui s'y livra en 1809.

2° La *Moravie*, chef-lieu *Brunn*, et la *Silésie autrichienne*, chef-lieu *Troppau*; *Olmütz*, *Austerlitz*, *Znaim*, lieux historiques.

3° La *Bohême*, ancien royaume annexé à l'empire en 1526, chef-lieu Prague (157,000 habitants); autres villes à citer : *Carlsbad, Sedlitz, Tœplitz*, célèbres par leurs eaux minérales.

4° Le *Tyrol*, chef-lieu *Inspruck*; villes principales : *Trente, Feldkirch, Bregenz*, sur le lac de Constance.

5° La *Styrie*, chef-lieu *Gratz*, ville de 63,000 habitants.

6° L'*Illyrie*, chef-lieu *Laybach*; villes principales : *Trieste*, port franc sur l'Adriatique, *Klagenfurt, Villach, Pola*. Les îles Illyriennes, dans l'Adriatique, dépendent de l'Autriche; les principales sont : *Veglia, Cherso, Grossa, Brazza, Lesina*.

Toutes ces provinces faisaient partie de la Confédération germanique avant la dernière guerre; les provinces ci-après étaient restées en dehors de la Confédération, savoir :

7° *Royaume de Hongrie*, capitale *Bude* ou *Ofen*; villes importantes : *Pesth, Presbourg, Debreczin, Comorn, Tokay*, célèbre par ses vins.

8° La *Galicie*, chef-lieu *Lemberg*, ville principale *Cracovie*, petite république arrachée à la Pologne et réunie à l'empire.

9° La *Transylvanie*, chef-lieu *Klausenbourg*.

10° *Voïvodie serbe* et *Banat de Temès*, chefs-lieux

Zombor et *Temeswar;* villes principales : *Carlowitz,* *Thérésiopol.*

11° *Confins militaires, Croatie, Esclavonie* et *Syrmie;* villes principales : *Carlstadt, Eszek, Peter-* *wardein.*

12° *Croatie civile,* capitale *Agram,* avec le port de *Zengh,* sur l'Adriatique.

13° La *Dalmatie,* chef-lieu *Zara;* villes principales: *Spalatro, Raguse, Cattaro.*

—

PRINCIPAUTÉS DANUBIENNES. — La *Servie,* la *Mol-* *davie* et la *Valachie* (ces deux dernières forment aujourd'hui la *Roumanie*), désignées sous le nom de *Principautés danubiennes* ou *unies,* étant placées nominalement sous la suzeraineté de la Turquie, et situées sur notre carte au nord de la Turquie européenne, auraient dû peut-être être réservées pour la partie qui sera consacrée à l'empire ottoman. Mais il est évident, d'une part, que le lien de suzeraineté est bien près de se rompre tout à fait, et d'autre part, le mouvement politique, dans les principautés, a de telles affinités avec l'Europe occidentale, qu'il nous a paru rationnel de placer ici les renseignements géographiques concernant cette contrée. (Voyez, pour la partie historique, le *Précis d'histoire moderne et con-* *temporaine.*)

La Servie, située sur la rive droite du Danube, a

pour capitale *Belgrade,* ville fortifiée et très-commerçante. La Moldavie et la Valachie occupent sur la rive
gauche du fleuve le territoire compris entre les monts
Karpathes, la Galicie, les frontières de la Russie et la
mer Noire. C'est une situation qui emprunte beaucoup
d'importance aux embouchures du Danube. La capitale de la Valachie est *Bucharest,* et la capitale de la
Moldavie, *Jassy.*

La Moldavie et la Valachie ont une population de
4,300,000 habitants, et sont gouvernées par un même
hospodar.

TREIZIÈME SÉANCE.

—

RÉGION ALLEMANDE.

Côtes. — Montagnes. — Cours d'eau.

Les côtes de la région allemande sont presque
partout basses, sablonneuses et couvertes de dunes.

La côte de la Baltique est caractérisée par de grandes
lagunes, particulièrement celles de Stettin, et par les
golfes de Lübeck et de Dantzig. Le littoral de la mer
du Nord est découpé par le *Dollart,* baie qui s'est
formée tout à coup au XIIIe siècle, et par les estuaires
de l'Elbe, du Weser et de l'Ems.

Dans la Baltique, on trouve les îles de *Wollin* et d'*Usedom* et la grande île de *Rugen*. L'île d'*Helgoland*, dans la mer du Nord, est une possession anglaise.

La région allemande est traversée par l'arête qui sépare l'Europe en deux grands versants : les *monts Sudètes*, les *monts de Moravie*, le *Bœhmer-Wald*, le *Fichtel-Gebirge*, le *Jura Franconien*, les *Alpes de Souabe*, les *montagnes de la Forêt-Noire*, les *Alpes de Constance*, les *Alpes de l'Algau*, d'où se détachent les *Alpes Bavaroises*.

Plusieurs branches, détachées au nord de l'arête principale, courent sur les limites ou dans les parties moyennes de la région allemande. Citons d'abord les *montagnes des Géants* (*Riesen-Gebirge*), qui se continuent par les *monts de Lusace*. Les *monts Métalliques* (*Erz-Gebirge*), qui arrivent au défilé de Schandau, forment avec les monts de Lusace le premier bassin de l'Elbe.

Les *montagnes du Harz*, célèbres par leurs mines de fer, de plomb, d'argent, de cuivre, de zinc et d'or, ne sont qu'une branche du *Franken-Wald* et du *Thüringer-Wald*.

Entre les bassins du Weser et du Rhin sont le *Rhœn*, le *Vogelsberg*, le *Taunus*, le *Wester-Wald*, le *Winterberg*, et le *Teutoburger-Wald*.

La ligne de partage des eaux en Allemagne se compose de 12 sections :

Les *monts Magura*, les *monts Tatra* (*Karpathes du*

Nord), les *monts Sudètes*, les *monts de Moravie*, les *monts de Bohême* (*Bœhmer-Wald*), le *Fichtel-Gebirge*, le *Jura Franconien*, les *Alpes de Souabe*, la *Forêt-Noire méridionale*, les *Alpes de Constance*, les *Alpes Algaviennes* et les *Alpes centrales*.

VERSANT SEPTENTRIONAL.

Il comprend 5 bassins : ceux du *Rhin*, de l'*Ems*, du *Weser* et de l'*Elbe*, tributaires de la mer du Nord, et celui de l'*Oder*, tributaire de la mer Baltique.

Bassin du Rhin. — La ceinture du bassin du Rhin est formée à droite, à partir du Saint-Gothard, par les Alpes centrales, les Alpes Algaviennes, les Alpes de Constance, la Forêt-Noire méridionale, les Alpes de Souabe, le Fichtel-Gebirge, l'Egge-Gebirge et le Teutoburger-Wald ; — à gauche, par les Alpes Bernoises, le Jorat (en Suisse), le Jura, les Vosges méridionales, les monts Faucilles, l'Argonne orientale et les Ardennes orientales.

Le bassin du Rhin est divisé en trois bassins partiels : le bassin inférieur, ou bassin suisse, finit à Bâle, où le cours du fleuve est resserré par la Forêt-Noire et par le Jura ; le second, ou bassin moyen, se termine à Coblentz, où le fleuve est également resserré entre le Taunus et le Sonnenwald ; le bassin inférieur va de Coblentz à la mer.

Le *Rhin* prend sa source dans les Alpes centrales et arrose en Suisse Reichenau, Coire, Mayenfeld, traverse le lac de Constance, arrive à Schaffhouse, au-dessous de laquelle se trouve la chute du Rhin, et passe ensuite à Rheinfeld et à Bâle, où il devient navigable. Il arrose ensuite Huningue, vieux et nouveau Brisach, Kehl, Strasbourg, Lauterbourg, Rastadt, Germersheim, Philipsbourg, Spire, Mannheim, Worms, Mayence et Coblentz, où se termine le second bassin. Il passe enfin à Cologne, Dusseldorf, Wesel, Emmerich et arrive en Hollande où il se divise en quatre branches : le *Wahal*, qui se réunit à la Meuse ; l'*Yssel*, qui se jette dans le Zuyderzée ; le *Lech*, qui se réunit encore à la Meuse, et le *vieux Rhin*, qui finit dans la mer du Nord.

Les affluents du Rhin, 1er bassin, sont à gauche, en Suisse, la *Thur*, l'*Aar* et la *Birse*.

La *Thur* reçoit lui-même à droite le *Sitter*, qui passe près d'Appenzell et de Saint-Gall.

L'*Aar* traverse les lacs de Brienz et de Thun, arrose Berne, Soleure, Aarbourg, Aarau et reçoit, à gauche, la *Sane*, qui passe à Fribourg, et le *Thiel*, qui sort du lac de Neufchâtel. Le *Thiel* reçoit l'*Orbe*, formée par le lac des Rousses, et la *Broye*, qui est formée par le lac de Morat. — A droite, l'Aar reçoit la *Reuss* et la *Limmat*; la *Reuss* traverse le Trou d'Uri et passe à Altorf, elle traverse ensuite le lac des Quatre-Cantons, sur lequel est située Lucerne ; la *Limmat*, qui porte d'abord le nom de Linth, jusqu'à sa sortie du lac de Zurich, qu'elle traverse.

La *Birse* formait, sous le premier empire, la limite entre la Suisse et la France.

Affluents du deuxième bassin du Rhin; à droite :

L'*Ill tyrolien,* qui arrose la ville de Feldkirch ;

La *Kinzig,* qui finit à Kehl ;

La *Murg,* qui passe à Rastadt ;

Le *Necker,* qui arrose Tubingen, Stuttgart, Ludwigsbourg, Heidelberg et Mannheim ;

Le *Mein,* qui passe à Bayreuth, Bamberg, Wurtzbourg, Aschaffenbourg, Dettingen, Hanau, Francfort et Mayence. Le *Mein* a pour affluent principal la *Rézat,* qui arrose Anspach et reçoit la *Pegnitz,* qui traverse Nuremberg ; elle prend alors le nom de *Regnitz* et passe à Bamberg.

Les autres affluents de droite du Rhin sont la *Lahn,* la *Sieg,* la *Ruhr* et la *Lippe,* dans le troisième bassin.

Affluents de gauche du deuxième bassin du Rhin :

La *Lauter,* qui passe à Weissembourg et finit à Lauterbourg. Elle servait, avant la guerre de 1870-1871, de limite entre la France et la Bavière rhénane ;

La *Queich,* qui arrose Landau ;

La *Moselle,* qui prend sa source aux monts Faucilles et arrose Épinal, Toul, Metz, Thionville, Sierck, Trèves et Coblentz. Elle a pour affluents, à droite, la *Meurthe,* qui passe à Lunéville et Nancy, et la *Sarre,* qui passe à Sarreguemines et à Sarrelouis. A gauche, la Moselle reçoit l'*Alzette,* qui arrose Luxembourg.

Bassin de l'Ems. — Ce petit fleuve a sa source au

Teutoburger-Wald; il coule du sud au nord et va se perdre dans le golfe du Dollart. Il traverse la Prusse rhénane et le Hanovre, et passe près de Munster et à Emden.

Bassin du Weser. — Les montagnes qui forment la ceinture de ce fleuve sont : l'Egge-Gebirge, le Vogel-Berg, le Rhœne-Gebirge, le Frankenwald et le Thüringer-Wald, qui se termine par le Hartz.

Le *Weser*, qui prend sa source au Frankenwald, arrose Hildburghausen, Meiningen, Eschwege, Münden, Hameln, Minden, Niembourg et Brême.

Ses affluents sont : à gauche, la *Fulda*, qui arrose la ville de ce nom, puis Cassel; la *Dimel*, qui passe à Warbourg; la *Blunt*, qui arrose Oldenbourg. A droite: la *Ness*, qui passe à Gotha; l'*Aller*, qui passe à Verden et à Magdebourg et reçoit l'*Ocker*, qui passe à Wolfenbüttel et Brunswick, et la *Leine*, qui arrose Gœttingue et Hanovre.

Bassin de l'Elbe. — Ce bassin se décompose en bassin de l'Elbe supérieur et bassin de l'Elbe inférieur.

Le premier bassin a la forme d'un quadrilatère, enclavant le royaume de Bohême, capitale Prague, et formé par le Bœhmer-Wald, les monts de Moravie, le Riesen-Gebirge (monts des Géants), et l'Erz-Gebirge (monts Métalliques).

L'*Elbe* prend sa source aux monts des Géants, arrose Josephstadt, place très-forte au débouché des routes de Silésie, — Kœniggrætz, place forte, — Kollin, où Frédéric fut battu, — Melnick, où il reçoit la Moldau, — Theresienstadt, où il reçoit l'Eger, — Schandau, où il occupe la trouée qui se trouve entre les monts Métalliques et les monts des Géants.

Dans ce bassin, les affluents sont : 1° la *Moldau*, rivière très-importante pour la défense de la Bohême ; cette rivière arrose Rosemberg, Budweiss, Prague, capitale de la Bohême, ville très-importante par sa position au centre du bassin supérieur de l'Elbe et à la réunion de toutes les routes qui le traversent ; la Moldau finit à Melnick. — 2° L'*Eger*, qui arrose Egra, Elnbogen, ville forte, Saatz et Theresienstadt, où il se jette dans l'Elbe.

L'*Isser* est le seul affluent de droite de l'Elbe dans ce bassin. Il arrose Jung-Bunzlau et Alt-Bunzlau.

Le bassin de l'Elbe inférieur n'a pas, en quelque sorte, de ceinture autre que le versant septentrional des monts Métalliques et des Géants et des montagnes du Hartz ; le reste ne se compose que de hauteurs insignifiantes qui font regarder tout ce bassin et celui de l'Oder comme entièrement plats.

En quittant la trouée de Schandau, l'Elbe arrose Kœnigstein, qui protége avec Schandau l'entrée de la Bohême de ce côté, — Pirna, — Maxen, — Pilnitz, — Dresde, capitale du royaume de Saxe, ville fortifiée, — Meissen, — Muhlberg, — Torgau, — Wittemberg, place forte, — Dessau, — Magdebourg, ville forte de premier ordre, — Lauenbourg, — Harbourg, ville forte, — Hambourg, une des plus commerçantes de l'Europe et une des plus fortes; elle forme avec Dresde et Magdebourg l'ensemble de la défense de l'Elbe, qui est une barrière difficile à franchir, dans le cas d'une invasion, soit de la part de la France, soit de la part de la Prusse.

L'Elbe, après un cours de 170 lieues, se jette dans la mer du Nord, au-dessous de Gluckstadt.

Les principaux affluents de gauche sont : 1° la *Mulda*, qui arrose Schneeberg, — Zwickau, — Freyberg, — Wurzen, — Eilembourg, — Dessau, où elle se jette dans le fleuve.

2° La *Saale*, qui, avec ses affluents, forme une série de lignes parallèles à l'Elbe et aux montagnes du Hartz, ce qui fait que, de quelque côté que vienne une invasion, elle sera toujours une excellente ligne de défense.

La Saale arrose : Saalfeld, — Iéna, — Dornbourg, — Naumbourg, — Weissenfels, — Merschbourg, — Rossbach, — Halle, — Bernbourg; elle passe près de Barby, au-dessous duquel elle se jette dans l'Elbe.

Les affluents de la Saale sont : l'*Ilm*, qui arrose Weimar, capitale du grand-duché de Saxe-Weimar; — l'*Unstrutt*, qui arrose Freybourg et se grossit du *Gera*, qui passe à Erfurt; — l'*Elster*, qui arrose Gera, Zeitz, Pegau, Lützen, Leipzig. — L'Elster reçoit la *Partha*, qui passe à Mœckern et à Schœnfeld, puis arrosant Breitenfeld, il se jette dans la Saale, au-dessus de Halle.

3° L'*Ilmenau* est un affluent de l'Elbe qui passe à Lunebourg.

4° La *Schwinge*, qui passe à Stade, ville forte.

Et 5° l'*Ost*, qui arrose Closter-Seven.

Les affluents de droite de l'Elbe sont : 1° le *Schwarz-Elster* ; 2° le *Havel*, qui arrose Templin, Zehdenick, Spandau, ville forte, Potsdam, Brandebourg, Rathenau, Havelberg. Le Havel reçoit la *Sprée,* qui passe près de Bautzen et arrose Berlin, capitale de la Prusse ; la *Nuthe,* qui arrose Dennewitz et passe près de Gross-Beeren ; 3° l'*Elde*, qui arrose Schwerin, capitale du duché de Mecklembourg-Schwerin, et Domitz.

Bassin de l'Oder. — Les montagnes qui entourent le bassin de l'Oder sont : les monts des Géants, les Sudètes et les collines entre la Vistule et l'Oder.

Le fleuve prend sa source aux monts Sudètes, arrose Ratibor ; — Kosel, place forte ; — Oppeln ; — Brieg ; — Molwitz ; — Breslau, ville très-forte, capitale de la Silésie ; — Glogau, ville forte ; — Krossen ; — Francfort ; — Custrin, place forte ; — Garz ; — Stettin, place forte, capitale de la Poméranie, où il se jette dans la mer Baltique après un cours de 100 lieues.

Les affluents de gauche sont : 1° l'*Oppa*, qui passe à Troppau, ville forte.

2° La *Neisse de Glatz,* qui passe à Glatz, ville forte, et à Neisse, ville forte.

3° La *Westritz,* qui passe à Schweidnitz, place forte, à Bunzelwitz, à Leuthen et à Lissa.

4° La *Katzbach* arrose Liegnitz et Parchwitz.

5° La *Bober* passe à Landshut, Buntzlau, Sagan et Krossen.

6° La *Neisse de Gœrlitz*, qui passe à Zittau, à Gœrlitz, à Reichenbach et finit à Krossen.

7° L'*Ocker* arrose Prentzlow.

Les affluents de droite sont : 1° l'*Olsa*, qui arrose Jablunkau et Teschen.

2° La *Wartha*, presque aussi considérable que l'Oder, et qui arrose Czenstochau et Kalisch, places fortes.

VERSANT DE LA MER NOIRE.

Bassin du Danube. — Les monts qui forment la ceinture du Danube sont au nord : le plateau de Souabe, qui forme la partie méridionale du Schwarz-Wald (Forêt-Noire); les Alpes Rudes; le Steiger-Wald; le Fichtel-Berg; le Bœhmer-Wald (forêt de Bohême); les monts de Moravie; les monts Karpathes jusqu'à la mer Noire. Au midi, la chaîne de ceinture est formée par les Alpes de Constance, les Alpes d'Al-gau, les Alpes Rhétiques, les Alpes Carniques, les Al-pes Juliennes, les Alpes Dinariques et les Balkans jusqu'à la mer Noire.

Le Danube prend sa source dans la Forêt-Noire, arrose Villingen; — Tuttlingen; — Sigmaringen; — Ulm, point objectif préalable, la clef du Danube, défendu par le camp retranché du Michels-Berg et la position d'Elchingen; — Gunzbourg; — Hochstedt; — Donauwerth, ville forte; — Neubourg; — Ingolstadt; Neustadt; — Ratisbonne, position stratégique importante. De Ratisbonne, le Danube, qui coulait de l'ouest à l'est, prend la direction du nord-ouest au sud-est et arrose Passau, ville très-forte; — Linz, la seule place fortifiée entre Passau et Vienne; — Krain; — Durrenstein; — Stein; — Krems; — Kloster-Neubourg; — Vienne, capitale de l'empire d'Autriche, assiégée par les Turcs; prise par les Hongrois, les Français qui, en 1809, livrèrent auprès d'elle les combats d'Essling, d'Aspern, d'Enzersdorf, qui préludèrent à la fameuse bataille de Wagram; — Theben; — Presbourg, ancienne capitale de la Hongrie; — Comorn, une des plus fortes places de l'empire; — Gran; — Waitzen. C'est à Waitzen que le Danube change de direction; il coule alors du nord au sud, et arrose : Bude ou Ofen, capitale de la Hongrie; — Pesth, la ville la plus considérable de la Hongrie; — Vukowar, où le fleuve reprend son cours de l'ouest à l'est; — Peterwardein, ville très-forte, où Eugène battit les Turcs; — Semlin; — Belgrade, ville très-forte; — Semendria; — Orsova; — Widdin; — Nicopoli; — Sistow; — Roustchuck; — Silistria; — Rassova; — Hirschova; — Matchin; — Galacz; — Isakcha, où commence le delta formé par les bouches du Danube qui passent à Ismaïl, Kilia et Toulcha.

Toutes ces villes sont fortifiées et destinées à protéger les différents pays que le Danube arrose. Jusqu'à Orsova, le fleuve sépare l'Autriché de la Turquie, mais d'Orsova, jusqu'à son embouchure, le Danube sépare la Valachie de la Bulgarie.

Si le Danube est une bonne ligne d'opérations à suivre pour envahir l'Autriche et marcher sur Vienne, ses divers affluents sont aussi d'excellentes lignes de défense contre cette invasion.

Les affluents de gauche sont : 1° l'*Egge*, qui passe à Neresheim et reçoit la *Warnitz*, grossie de l'*Eger* ; c'est dans le coude formé par le confluent de la Warnitz et de l'Eger que fut livrée la bataille de Nordlingen. 2° L'*Altmühl*, dont la vallée difficile est une bonne ligne de défense. 3° Le *Naab*, qui sépare le bassin du Mein de celui de l'Elbe. 4° Le *Regen*. 5° L'*Ils*, qui finit à Passau. 6° Le *Kamp*. 7° Le *Gœllersbach*, qui passe à Hollabrunn. 8° La *Morava*, qui arrose Olmütz, Hradish, Gœding ; reçoit la *Thaya*, qui passe à Znaïm ; l'*Iglawa*, grossie de la *Schwarza*, qui arrose Brunn ; la *Littawa*, qui passe à Austerlitz.

9° Le *Waag* arrose Trentsin, ville défendue par un château réputé imprenable, et Léopoldstadt.

10° Le *Gran* arrose Neusohl, Kremntz, et finit à Gran.

11° L'*Ipoli* passe à Schemnitz.

12° La *Theiss*, qui arrose Tokai et finit entre Peterwardein et Belgrade.

13° L'*Alouta* arrose Kronstadt, Hermannstadt et Slatina.

14° Le *Dombowitza* arrose Bucharest, capitale de la Valachie.

Les affluents de droite sont : 1° l'*Ablach*, qui arrose Mœskirch ;

2° L'*Ostrach*, qui arrose Ostrach ;

3° La *Ris*, qui passe à Biberach.

4° L'*Iller* arrose Kempten, Memmingen, et sert de limite entre la Bavière et le royaume de Wurtemberg.

5° Le *Lech*, dont le cours est défendu par les forts de Ehrenberg, de Kniepass, arrose Fussen, forteresse bien située, Schongau, Landsberg, Augsbourg, centre de la défense du Lech, et finit au-dessous de Rain.

6° L'*Iser* arrose Scharnitz, — Munich, capitale de la Bavière, — Freysing, — Mosbourg, — Landshut, — centre de la défense de l'Iser.

7° L'*Inn* traverse la vallée de l'Engadine, arrose Silva-Plana, — Zernetz, — Nauders, — Landeck, — Hall, — Kufstein, — Neubern, — Rosenheim, — Wasserbourg et Muhldorf, — Braunau, ville forte, — Scharding, et finit à Passau, après un cours de 100 lieues.

Le plus important des affluents de l'Inn est la *Salza*, qui arrose Pass-Lueg, Salzbourg, ville très-forte, et Burghausen.

8° La *Traun* arrose Gmund, — Lambach, — Ebersberg, et fournit une excellente ligne de défense.

9° L'*Ens* arrose Altenmark, Steyer et Ens.

10° La *Trasen* arrose la position importante de Saint-Pœlten.

11° La *Leitha*, qui passe à Neustadt.

12° Le *Raab*, qui passe à Saint-Gothard et finit au-dessous de Raab.

13° La *Drave* arrose Linz, — Villach, — Klagenfurt, capitale de la Carinthie, — Marbourg, — Varasdin, — Eszeck. — Elle reçoit ensuite la *Muhr*, qui arrose Saint-Michel, — Judembourg, — Leoben, — Bruck et Gratz.

14° La *Save* arrose Laybach, — Agram, — Mitrowitz, — Czabath, toutes villes fortes; elle reçoit la *Kulpa*, qui arrose Carlstadt, et d'autres petits affluents tels que la *Bosna*, qui arrose Bosna-Seraï.

15° La *Morava* arrose Kruschewatz, — Novi-Bazar, — Pristina, — Cossova, — Nova-Berda, — Nissa et Passarowitz.

L'*Isker* arrose Sophia, capitale de la Bulgarie.

On peut encore citer, comme appartenant pour une part à la région allemande, les bassins du *Niémen*, de la *Prégel* et de la *Vistule*.

Le *Niémen* a toute la partie supérieure de son cours en Russie et n'arrose en Prusse que Tilsitt.

La *Prégel* passe à Kœnigsberg, recevant l'*Alle*, qui passe près de Friedland.

La *Vistule* n'arrose en Prusse que Thorn, Culm et Dantzig.

QUATORZIÈME SÉANCE.

Belgique. — Pays-Bas. — Suisse. — Italie. — Turquie. — Grèce.
Espagne. — Portugal.

BELGIQUE. — Au moyen âge et dans les temps modernes, le pays belge a appartenu successivement à la France, à la Bourgogne, à la maison d'Autriche. La Belgique et la Hollande, conquises par les armées républicaines de la France, en 1794-1795, formèrent dix-sept départements qui disparurent en 1814, et furent alors constitués en monarchie, sous le nom de *Royaume des Pays - Bas*, au profit de la maison de Nassau. En 1831, une révolution brisa l'union des deux pays, qui formèrent chacun un royaume distinct : le royaume des Pays-Bas au nord, le royaume de Belgique au sud.

La Belgique est un pays de vastes plaines traversées par des rivières navigables, telles que l'Escaut, qui a sa source en France, et la Meuse, qui, après avoir aussi arrosé la France, traverse la Belgique pour aller se réunir au Rhin, en Hollande.

Le catholicisme est la religion qui domine en Belgique, mais la liberté des cultes y est en vigueur. Le gouvernement est monarchique constitutionnel.

Le sol est très-bien cultivé et très-propice aux céréales et aux betteraves. Le houblon permet de remplacer le vin par la bière, qui s'y fabrique sur une grande échelle. On y trouve en abondance la houille,

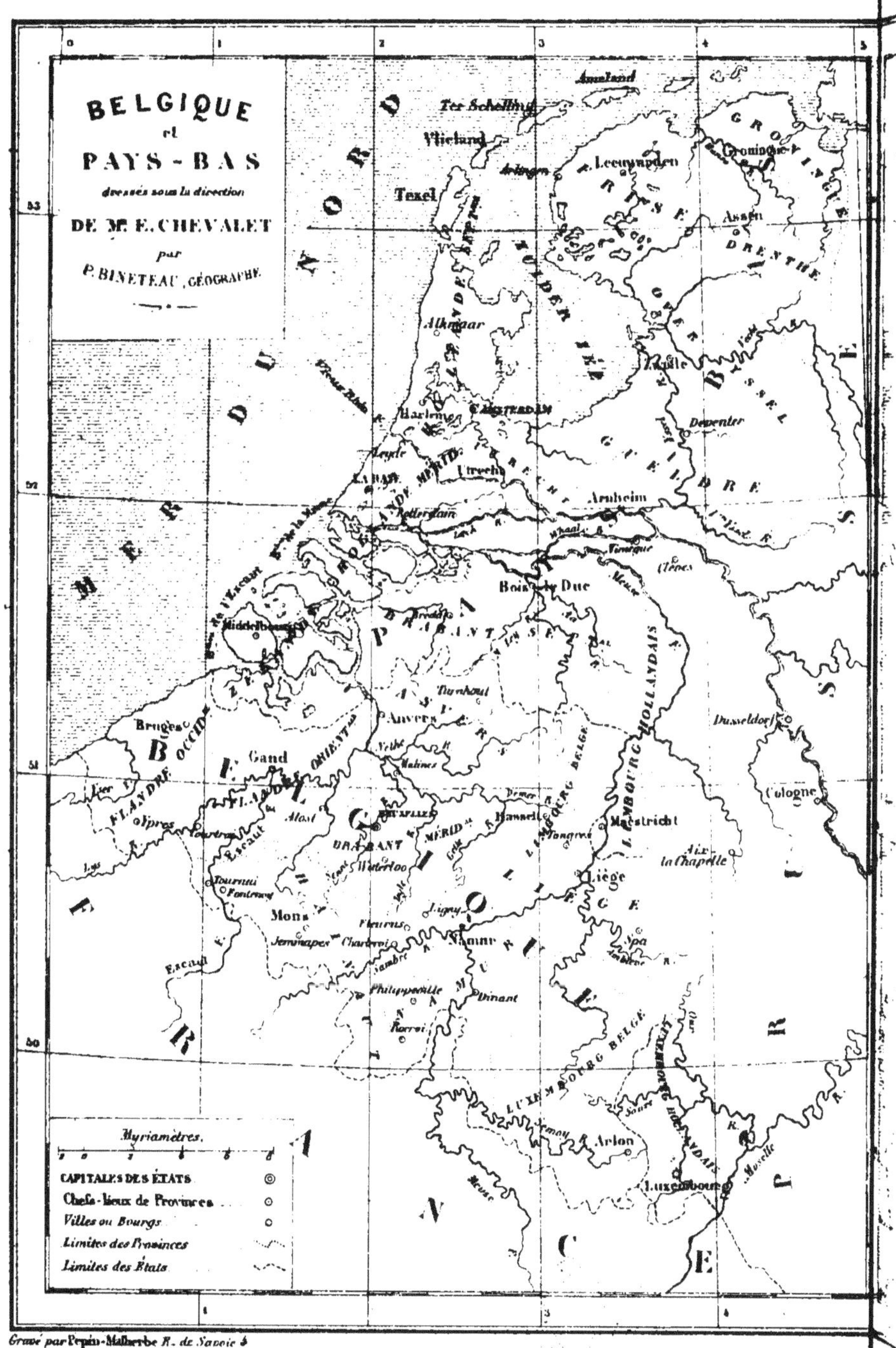

BELGIQUE
et
PAYS-BAS
dressés sous la direction
DE M. E. CHEVALET
par
P. BINETEAU, GÉOGRAPHE.
MER DU NORD
MER
Amelaud
Ter Schelling
Vlieland
Texel
Ameland
GRONINGUE
Groningue
FRISE
Leeuwarden
Assen
DRENTHE
Alkmaar
ZUIDER ZÉE
OVER YSSEL
Zwolle
BAS SEL
Haarlem
AMSTERDAM
Deventer
GUELDRE
Leyde
Utrecht
LA HAYE
HOLLANDE MÉRID.
Arnheim
Rotterdam
Waal
Nimègue
Clèves
Bois le Duc
Meuse
Dusseldorf
BRABANT SEPT.
Middelbourg
ZÉLANDE
Turnhout
Anvers
Breda
ANVERS
Cologne
Bruges
FLANDRE OCCID.
Gand
Malines
LIMBOURG HOLLANDAIS
FLANDRE ORIENTALE
Maestricht
Ypres
Alost
BRUXELLES
Hasselt
Aix la Chapelle
Courtrai
Escaut
BRABANT MÉRID.
Tongres
LIMBOURG BELGE
Waterloo
Liège
Tournai
Fontenoy
LIÈGE
Mons
Fleurus
Jemmapes
Charleroi
Namur
Spa
Escaut
Sambre
Philippeville
Dinant
FRANCE
LUXEMBOURG BELGE
Arlon
Moselle
LUXEMBOURG GRAND-DUCHÉ
Luxembourg
PRUSSE
Myriamètres.
CAPITALES DES ÉTATS
Chefs-lieux de Provinces
Villes ou Bourgs
Limites des Provinces
Limites des États
Gravé par Pepin-Malherbe R. de Savoie 4

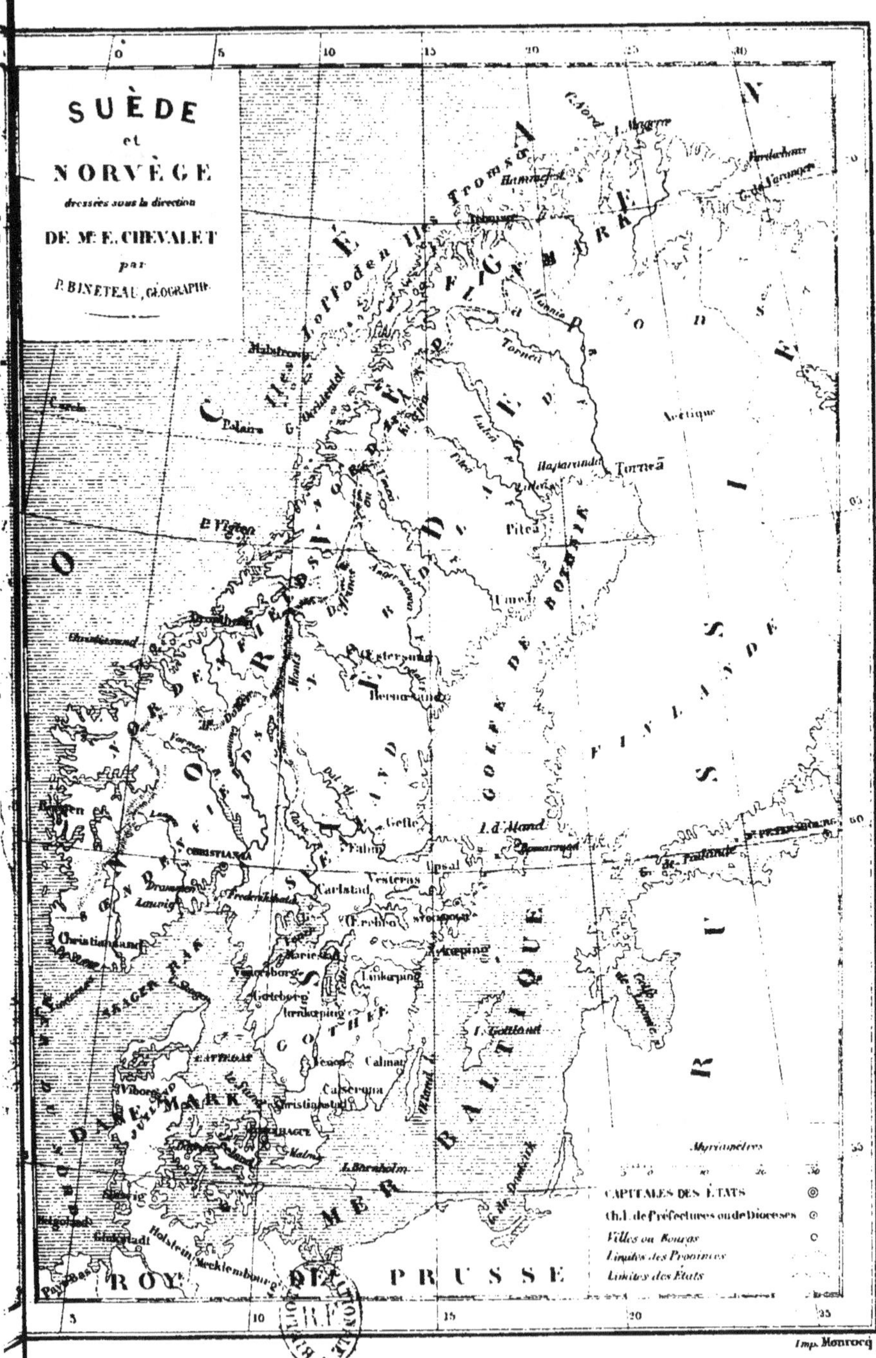

SUÈDE
et
NORVÈGE
dressées sous la direction
DE M. E. CHEVALET
par
P. BINETEAU, GÉOGRAPHE
LAPONIE
Tromsöe
Hammerfest
Lofoden Iles
Habstroem
Drontheim
Christiansund
Bergen
CHRISTIANIA
Frederikstad
Larvig
Christiansand
NORVÈGE
SUÈDE
Tornéa
Haparanda
Piteä
Umeä
Gefle
Upsal
Westeras
Carlstad
Örebro
STOCKHOLM
Köping
Mariestad
Venersborg
Linkæping
Götheborg
Jænkæping
GOTHIE
Calmar
Carlscrona
Christianstad
Helsingborg
Malmö
I. Bornholm
GOLFE DE BOTHNIE
FINLANDE
S. Pétersbourg
I. d'Aland
Bomarsund
M. Finland
MER BALTIQUE
DANEMARK
JUTLAND
Viborg
Copenhague
Heligoland
Gluckstadt
Holstein
Mecklembourg
ROY. DE PRUSSE
Pays-Bas
PRUSSE
Myriamètres
CAPITALES DES ÉTATS
ch. l. de Préfectures ou de Diocèses
Villes ou Bourgs
Limites des Provinces
Limites des États
Imp. Monrocq

le zinc, le fer et le marbre. L'industrie y est très-développée : ses produits principaux sont les toiles, les dentelles, les tapis, les draps, la coutellerie, les machines. Enfin, le grand nombre de canaux et de chemins de fer dont le pays est sillonné, donne une grande activité à son commerce.

On parle le français dans les grandes villes ; dans les villes et les campagnes du Nord-Est, on a conservé l'usage du flamand.

La Belgique se divise en neuf provinces : la *Flandre occidentale*, chef-lieu *Bruges ;* la *Flandre orientale*, chef-lieu *Gand ;* la *province d'Anvers ;* le *Limbourg belge*, chef-lieu *Hasselt ;* la *province de Liége ;* le *Brabant méridional*, chef-lieu *Bruxelles*, capitale du royaume, ville riche et commerçante ; le *Hainaut*, chef-lieu *Mons ;* la *province de Namur*, et le *Luxembourg belge*, chef-lieu *Arlon*. Les autres villes importantes sont : *Anvers*, place forte, à l'embouchure de l'Escaut ; *Malines*, renommée par ses dentelles, *Liége*, *Vervins, Spa, Louvain, Ostende*, port de mer.

On ne doit pas oublier de citer *Waterloo*, où se termina la fortune de Napoléon ; *Fontenoi, Jemmapes, Ligny, Fleurus, Charleroi, Raucoux, Laufeld, Nerwinde*, illustrés par les victoires des armées françaises.

———

Royaume des Pays-Bas, connu autrefois sous le nom de *Hollande*. — Le passé de la Hollande est intimement lié à celui de la Belgique, quoiqu'il n'y ait jamais eu d'affinité entre ces deux peuples voisins. C'est à l'époque du stathoudérat de Guillaume d'Orange que la Hollande devint une puissance maritime de premier ordre. Après avoir été constituée en république batave, elle fut érigée, en 1806, en royaume au profit de Louis Bonaparte, père de Napoléon III, et réunie à l'empire en 1810. De 1814 à 1831, elle forma avec la Belgique, comme nous l'avons dit plus haut, le royaume des Pays-Bas.

La Hollande présente une vaste plaine dont la surface est, en quelques endroits, au-dessous du niveau de la mer, ce qui lui fait donner le nom de *Pays-Bas ;* mais les habitants ont élevé, sur le littoral, de fortes digues pour se préserver des inondations.

Sur les côtes, se trouvent deux groupes considérables d'îles appelés, *Archipel hollandais* et *Archipel zélandais*. Ce dernier est formé par l'Escaut et la Meuse, qui, vers leur embouchure, se divisent en plusieurs bras et séparent ces îles. On remarque encore deux grands golfes formés par d'anciennes irruptions de la mer, le *Zuydersée* et le *Dollart*.

Les côtes de la Hollande abondent en poisson, et la pêche du hareng occupe un nombre considérable de navires. On se livre, avec succès, à la fabrication des toiles, de la faïence, du papier, des fromages ; à la salaison des viandes et des poissons.

Le gouvernement est une monarchie représentative, et le calvinisme est la religion la plus répandue.

Ce royaume est divisé en douze provinces, savoir : la *Hollande* proprement dite, divisée en septentrionale, chef-lieu *Harlem*, et méridionale, chef-lieu *La Haye*, siége du gouvernement ; la *Frise*, chef-lieu *Leuwarden* ; les *provinces de Groningue ; Drenthe*, chef-lieu *Assen ; Over-Yssel*, chef-lieu *Zwolle ; Gueldre*, chef-lieu *Arnheim ; Utrecht ; Zélande*, chef-lieu *Middelbourg* ; le *Brabant septentrional*, chef-lieu *Bois-le-Duc* ; le *Limbourg hollandais*, chef-lieu *Maestricht*, et le *Luxembourg*.

Villes importantes : *Amsterdam*, la ville la plus commerçante et la plus considérable du royaume (250,000 habitants) ; *Rotterdam, Leyde*, université célèbre, *Nimègue, Utrecht, Ryswick, Maestricht, Luxembourg*, qui toutes rappellent des traités de paix avec la France ou de grands faits historiques.

Après l'Angleterre, la Hollande est l'État européen qui possède le plus grand nombre de colonies et qui les exploite avec le plus d'intelligence, d'humanité, et par conséquent avec le plus de profit. Les épiceries des colonies hollandaises se répandent dans le monde entier.

—

Suisse. — La Suisse (ancienne Helvétie), qui fit partie au moyen âge du royaume de Bourgogne, et ensuite du royaume d'Arles, fut réunie en 1033 à l'empire germanique. Un soulèvement, qui eut lieu contre l'oppression des gouverneurs impériaux, amena l'indépendance de trois cantons, et cet exemple ne tarda pas à être imité par d'autres. Le traité de Westphalie fit reconnaître, en 1648, treize cantons indépendants. En 1803, six nouveaux cantons se réunirent aux treize anciens, et enfin les traités de Vienne en ajoutèrent trois, ce qui porta la Confédération suisse à vingt-deux cantons, division qui subsiste encore.

La Suisse est le pays dont l'altitude paraît être la plus élevée de l'Europe ; il est couvert de montagnes, parmi lesquelles on remarque le *Saint-Bernard*, le *Saint-Gothard* et le *Simplon,* où les Français ont ouvert une route magnifique. Les sommets culminants des Alpes de la Suisse atteignent près de 5,000 mètres. On y trouve des glaciers qui ne fondent jamais. Le Rhin et le Rhône y prennent leur source.

Dans la vallée, l'aspect du pays est diversifié par les beaux lacs que nous avons fait connaître. D'innombrables beautés naturelles y attirent une foule de voyageurs.

Le sol est peu fertile en grains, mais de riches pâturages permettent l'élève du bétail, et l'on y produit des fromages renommés. L'industrie principale des villes s'exerce dans l'horlogerie, le tissage de la soie, les mousselines.

Le gouvernement est républicain-fédératif. Voici les noms des 22 cantons de la Confédération :

A l'ouest : *Berne, Fribourg, Neuchâtel, Vaud,* chef-lieu *Lausanne; Genève.*

ANCIENNES PROVINCES DE L'ITALIE.

I PIÉMONT   Cap.le Turin   VI ÉTATS DE L'ÉGLISE   . Rome
II LOMBARDIE   . Milan   VII TOSCANE   . Florence
          PARME   . Parme   VIII ÉTATS NAPOLITAINS . Naples
III ÉMILIE MODÈNE   . Modène   IX SICILE   . Palerme
          ROMAGNE   . Ferrare   X SARDAIGNE   . Cagliari
IV LES MARCHES   . Ancône   XI PRsé DE MONACO   . Monaco
V OMBRIE   . Pérouse   XII VÉNÉTIE   . Venise

SUISSE, ITALIE
PROVINCES DANUBIENNES
TURQUIE D'EUROPE
ET GRÈCE
dressées sous la direction
DE M.E. CHEVALET
par
P. BINETEAU, GÉOGRAPHE.

MER ADRIATIQUE
MER TYRRHÉNIENNE
MER MÉDITERRANÉE
MER IONIENNE
AFRIQUE
RUSSIE
HONGRIE
TRANSYLVANIE
VALACHIE
BULGARIE
BOSNIE
SERVIE
ROUMÉLIE
TURQUIE D'ASIE
MER NOIRE
Odessa
Belgrade
Sophia
Constantinople
Andrinople
Philippopoli
Salonique
Danube
Malte
la Valette
Myriamètres
PROVINCES DANUBIENNES

Au sud : *Valais*, chef-lieu *Sion* ; *Tessin*, chef-lieu *Bellinzona*.

A l'est : les *Grisons*, chef-lieu *Coire* ; *Glaris*.

Au centre : *Schwitz, Lucerne, Unterwald*, chef-lieu *Sarnen* ; *Uri*, chef-lieu *Altorf*.

Au nord : *Appenzell, Saint-Gall, Thurgovie*, chef-lieu *Frauenfeld* ; *Schaffouse, Zurich, Zug, Argovie*, chef-lieu *Aarau* ; *Bâle, Soleure*.

La ville de *Berne* est le siége du gouvernement fédéral. *Zurich* rappelle la belle victoire que les Français remportèrent en 1799 sur les Autrichiens et les Russes. *Morat* et *Granson*, lieux célèbres où fut défait Charles le Téméraire.

———

ITALIE. — Depuis l'invasion et le démembrement de l'empire romain par les barbares, le sol de l'Italie, toujours morcelé, n'avait pu renaître à l'unité. L'Espagne, l'Autriche et la France se sont disputé pendant des siècles la prépondérance dans ce pays, qui a été le théâtre de guerres incessantes. Grâce à la persévérante initiative du Piémont et à l'appui de la France, l'unité italienne est aujourd'hui reconstituée.

OROGRAPHIE ET HYDROGRAPHIE DE LA PROVINCE ITALIQUE.

La chaîne des Alpes et celle des Apennins forment l'orographie de la région italienne.

Les Alpes s'étendent sur une grande demi-circonférence, depuis le col de Cadibone jusqu'au mont Schnee-berg en Illyrie. Divisées en trois grands tronçons, elles se subdivisent en huit sections, savoir :

1° *Alpes occidentales*, comprenant les *Alpes Maritimes*, du col de Cadibone au mont Viso ; les *Alpes Cottiennes*, entre le mont Viso et le mont Cenis ; les *Alpes Grées*, entre le mont Cenis et le mont Blanc ; les *Alpes Pennines*, entre le mont Blanc et le nœud du Saint-Gothard.

2° *Alpes centrales*, comprises entre le nœud du Saint-Gothard et le mont Maloïa.

3° *Alpes orientales*, comprenant les *Alpes Rhétiques*, entre le mont Maloïa et le pic des Trois-Seigneurs ; les *Alpes Carniques*, entre le pic des Trois-Seigneurs et le mont Terglou ; les *Alpes Juliennes*, entre le mont Terglou et le mont Schneeberg.

Dans les Alpes Maritimes, on trouve les cols de Cadibone et de Tende : leurs contreforts, en Italie, sont les *montagnes du Piémont*, et en France les *Alpes de Provence*.

Les Alpes Cottiennes, traversées par le col du mont Genèvre, envoient en France les *Alpes du Dauphiné*.

Dans les Alpes Grées se trouvent les cols du mont Cenis et du petit Saint-Bernard.

Les Alpes Pennines, les plus élevées de la chaîne, contiennent le mont Blanc (4,810^m), le mont Rosa (4,636^m) et le mont Cervin (4,522^m). Elles sont traversées par le col du grand Saint-Bernard et du Simplon.

Les Alpes centrales renferment les cols du Saint-Gothard, de San Bernardino et du Splugen.

Le col du Stelvio traverse les Alpes Rhétiques ou du Tyrol.

Dans les Alpes Carniques on trouve le col de Tarvis, et le col d'Adelsberg dans les Alpes Juliennes.

Les *Apennins* commencent au col de Cadibone et se terminent au cap Spartivento, après avoir traversé toute l'Italie du nord-ouest au sud-est. Ils ont trois parties principales :

L'Apennin Ligurien,

L'Apennin Romain,

L'Apennin Napolitain.

Les principaux cols se trouvent dans l'Apennin Ligurien ; ce sont les cols de la Bochetta, de Montebruno, de Pontremoli, de Fiumalbo et de Pietra-Mala.

Volcans. — L'Italie renferme un certain nombre de volcans : le *Vésuve*, près de Naples ; l'*Etna*, en Sicile, le *Stromboli*, dans les îles de Lipari.

Cours d'eau. — Les Apennins partagent l'Italie en trois versants, qui sont ceux de la Méditerranée, de la mer Ionienne et de la mer Adriatique.

L'Italie continentale est tout entière dans le versant de l'Adriatique ; ses fleuves et bassins côtiers sont : le *Pô*, l'*Adige*, le *Bacchiglione*, la *Brenta*, la *Piave*, la *Livenza*, le *Tagliamento* et l'*Isonzo*.

Bassin du Pô. — Le Pô, excellente ligne d'opérations à suivre pour se jeter ensuite dans le bassin du

Danube et marcher sur Vienne, prend sa source au mont Viso, arrose Staffarde, — Carigliano, — Moncaglieri, — Turin. Jusque-là, le Pô qui coulait du sud-ouest au nord-est, prend la direction de l'ouest à l'est, qu'il conserve jusqu'à son embouchure ; il arrose alors Chivasso, — Verrua, ville fortifiée, — Casal, ville très-forte autrefois, — Valenza. — Bassignano, — Plaisance, ville forte, — Crémone, ville très-forte, — Guastalla, ville aussi fortifiée, — Borgo-Forte, — Stellata, — Ponte di Lagoscuro, — forme le canal Blanc, à Polesella, qui passe à Adria et se jette dans l'Adriatique par deux embouchures, le *Pô di Volano* et le *Pô di Primaro,* qui embrassent les Lagunes de Comacchio, après un cours de 130 lieues.

Les affluents de droite sont : 1° La *Vraita,* qui arrose le Château-Dauphin, place forte, défendant ce passage ;

2° La *Maira,* qui passe à Genola et à Savigliano, ville forte ;

3° Le *Tanaro* qui arrose Ormea et Ceva, défendant le col de Nava, — Asti, ville forte, — Alexandrie, la place la plus importante de l'Italie, au confluent du Tanaro et de la Bormida ; c'est sous les murs d'Alexandrie qu'eut lieu la bataille de Marengo. Le Tanaro reçoit plusieurs affluents qui sont : l'*Elero,* qui arrose Mondovi ; — la *Stura,* qui arrose Demonte, Coni, Fossano, Cherasco ; — la *Bormida,* qui arrose Millesimo, Carcare et Dego ; non loin de là est Montenotte sur un torrent affluent de la Bormida ;

4° La *Scrivia* arrose Tortone, ville forte, et Castel-novo ;

5° La *Trebbia* arrose Bobbio et Plaisance ;

6° La *Parma* arrose Parme ;

7° La *Secchia* ;

8° Le *Panaro*, qui passe près de Modène ;

9° Le *Reno* ;

10° Le *Santerno*.

Les affluents de gauche sont : 1° Le *Clusone*, qui arrose Fenestrelles et Pignerol ;

2° La *Doria-Riparia* arrose le fort d'Exilles, défense du col de Genèvre, et Suse ;

3° La *Doria-Baltea* arrose Aoste, le fort de Bard, Ivrée, place forte ;

4° La *Sesia* passe à Romagnano, Verceil et Santhia.

5° Le *Tésin* arrose Airolo, Bellinzona, se jette dans le lac Majeur, en sort à Sesto-Calende, arrose ensuite Turbigo et Pavie, position importante, dont la prise amène la possession de la ligne du Tésin, une des meilleures du bassin du Pô ;

6° L'*Olona* arrose Milan ;

7° Le *Lambro* arrose Monza, Marignan et Saint-Colomban ;

8° L'*Adda* traverse la Valteline, arrose Bormio, Tirano, Sondris, Fuentes, Chiavenna, Trezzo, Cassano, Agnadel, Lodi, Pizzighettone et finit près de Fombio ;

9° L'*Oglio* arrose Edolo, Chiari, Marcaria et Brescia.

10° Le *Mincio* descend du mont Tonal, traverse le

lac de Garde, en sort à Peschiera, arrose Mozambano, Borghetto, Pozzolo, Goïto, Mantoue, située sur des marécages traversés par des chaussées sur lesquelles se sont livrées plusieurs batailles, en 1797, gagnées par Napoléon sur les Autrichiens. C'est sur les montagnes qui entourent le lac de Garde que furent livrées les batailles de Lonato, de Castiglione et de Rivoli.

Les affluents du Pô, d'après leur direction généralement perpendiculaire au fleuve, sont d'excellentes lignes de défense et forment aussi d'excellentes bases successives d'opérations.

Les autres cours d'eau qui traversent l'Italie septentrionale sont :

1° L'*Adige*, qui prend sa source au col de Rescha, arrose Glürens, Prad, Meran, Ponte di Legno, Trente, Calliano, Roveredo, Incanale, Vérone, la clef de l'Adige, Ronco, Arcole sur l'Alpon, célèbre par la bataille de 1796, Legnago et Carpi. Cette rivière ou plutôt ce fleuve protége admirablement l'Italie et le Pô et les garantit contre une invasion venant du Tyrol.

2° Le *Bacchiglione* arrose Vicence, Padoue et Chioggia, ville forte.

3° La *Brenta* arrose Primolano, Bassano, Citadella, et enfin Venise, l'ancienne reine de l'Adriatique, la maîtresse du commerce au moyen âge, aujourd'hui déchue de sa splendeur et ne vivant plus que par son nom, car elle a perdu son commerce en même temps que son autonomie.

4° La *Piave* traverse Bellune.

5° La *Livenza* passe à Sacile.

6° Le *Tagliamento* arrose Valvasone.

7° L'*Isonzo* passe à Gorizia et à Gradisca : il reçoit le *Torre* qui passe près d'Udine et de Campo-Formio.

Versant de la Méditerranée. — L'*Arno*, qui arrose Florence et Pise.

Le *Tibre*, qui reçoit la *Nera* et le *Teverone* et qui traverse Pérouse et Rome.

Le *Carigliano.*

Le *Vulturne*, qui passe à Capoue.

Versant de la mer Ionienne. — Les cours d'eau n'y ont aucune importance.

Bassins côtiers de l'Adriatique. — L'*Ofanto*, qui passe près de Cérignoles et à Cannes.

La *Pescara*, le *Métaure* et le *Rubicon.*

Lacs. — Les principaux lacs de l'Italie sont : le *lac Majeur*, le *lac de Côme*, le *lac de Garde* et le *lac de Trasimène.*

DIVISION POLITIQUE DE L'ITALIE.

L'Italie est divisée aujourd'hui en départements qui portent le nom de leur chef-lieu; nous allons seulement décrire les provinces dont elle était naguère composée.

Les *États de l'Église*, dont *Rome* était la capitale, devenue capitale du royaume d'Italie. *Tivoli, Frascati* et *Civita-Vecchia* sont les seules villes que l'on puisse citer.

Le *Piémont*, chef-lieu *Turin*, qui a perdu son rang de capitale. Villes à citer : *Alexandrie, Novare, Mondovi, Pignerol, Aoste, Ivrée, Verceil, Saluces, Coni, Suse, Casal, Asti, Marengo, Montebello*, noms pour la plupart rappelant des victoires françaises.

La *province de Gênes*, villes principales : *Gênes, Savone, Spezzia, Montenotte*.

La *Lombardie*, où se trouvent : *Milan, Côme, Bergame, Pavie, Brescia, Crémone, Magenta, Lodi, Marignan* ou *Melegnano, Lonato, Castiglione* et *Solferino*.

La *Vénétie* renferme *Venise, Vicence, Trévise, Udine, Bellune, Vérone, Mantoue, Legnago, Peschiera, Villafranca, Arcole, Rivoli, Bassano, Campo-Formio*.

La *province de Parme : Parme, Plaisance, Fornoue*.

La *province de Modène : Modène, Mirandole, Correggio, Reggio, Massa* et *Carrara*. Cette dernière ville est celèbre par le marbre que fournissent ses carrières, le plus beau marbre de l'univers pour la sculpture.

La *Toscane*, où l'on trouve *Florence*. Cette ville célèbre a donné naissance à Galilée, à Machiavel, à Améric-Vespuce, à Dante, à Michel-Ange, à Léon X. Les autres villes sont : *Lucques, Pise, Livourne, Sienne* et *Arezzo*.

La *Romagne : Ferrare, Bologne, Faenza, Ravenne, Forli.*

Les *Marches : Ancône, Urbin,* où est né Rapahël.

L'*Ombrie,* chef-lieu *Pérouse.*

Les *provinces napolitaines : Naples, Aquila, Caserte, Foggia, Salerne, Tarente, Bari, Otrante, Castellamare, Capoue, Gaëte, Pompeï, Portici, Pouzzoles, Cérignoles, Brindes, Sorrente.* Les îles d'*Ischia* et de *Capri* se trouvent dans le golfe de Naples.

L'*île de Sardaigne,* chef-lieu *Cagliari,* et l'*île d'Elbe,* chef-lieu *Porto-Ferrajo.*

La *Sicile,* chef-lieu *Palerme ;* villes principales : *Messine, Trapani, Girgenti, Catane,* près de l'*Etna ; Syracuse* et *Marsala,* célèbres par leurs vins.

L'*île de Malte,* qui dépendait autrefois de la Sicile, a été prise en 1800 par les Anglais, qui ont trouvé le moyen de garder cette forte position militaire.

La petite principauté de *Monaco* est située sur le territoire français.

—

TURQUIE D'EUROPE. — La Turquie s'est formée des contrées que les anciens désignaient sous les noms de : *Thrace, Macédoine, Illyrie, Épire* et *Thessalie.* Depuis Constantin, ces provinces se constituèrent en empire d'Orient, qui a duré de 395 à 1453. Les croisés, maîtres de Constantinople, y fondèrent un empire latin. Mahomet II mit fin à l'empire d'Orient. Les Musulmans, qui avaient étendu leurs conquêtes et qui marchaient toujours en avant, furent arrêtés, en 1571, par don Juan d'Autriche, fils de Charles-Quint, qui les tailla en pièces à la bataille de Lépante, puis par Sobieski, roi de Pologne. Depuis lors, les Turcs ont toujours été en déclinant, et leur pays est l'objet des ardentes convoitises de la Russie, qui leur en a déjà enlevé une notable portion. La Grèce s'est détachée d'eux, comme nous le verrons.

Le chef du gouvernement, qui exerce un pouvoir absolu, prend le nom de *Sultan.* L'administration des affaires est confiée à un Conseil d'État appelé *Divan.* Il s'assemble au Sérail ou palais de l'empereur. La porte principale de cet édifice a reçu le nom de *Sublime Porte,* et l'on a fini par désigner sous ce nom le gouvernement lui-même. La Turquie est encore appelée *Empire Ottoman.*

L'industrie y est presque nulle, et l'agriculture y est fort négligée, malgré la fertilité du sol.

Il y a deux religions dominantes dans ce pays : le christianisme et l'islamisme. Les chrétiens y sont nombreux, mais divisés en plusieurs sectes : la plus grande partie appartient au schisme grec, dont le czar de Russie s'est institué le chef suprême.

La Turquie est divisée aujourd'hui en 14 provinces ou eyalets, dont voici le tableau avec les chefs-lieux. *Constantinople* forme un gouvernement séparé.

EYALETS.	CHEFS-LIEUX.
1. Ederné (Andrinople)	Andrinople.
2. Silistré (Silistrie).	Silistrie.
3. Bong-dan (Moldavie). ⎫ Roumanie.	Jassy.
4. Iflak (Valachie) . . . ⎭	Bucharest.
5. Widdin	Widdin.
6. Nich	Nissa.
7. Uscup	Uscup.
8. Sirb (Servie) . . . . ⎫ Belgrade.	
9. Mohafezlick (Belgrade) . . . . . ⎭	Belgrade.
10. Bosna (Bosnie)	Bosna-Seraï.
11. Roum-ili (Roumélie)	Monastir (Bitolia).
12. Janina (Albanie).	Janina.
13. Sélanik (Salonique)	Salonique.
14. Kirid (Candie)	Candie.

Mais les anciennes dénominations étant plus connues, nous allons encore les détailler, savoir : la *Roumélie*, la *Bulgarie*, la *Bosnie*, l'*Albanie*, l'*Herzégovine*, la *Thessalie*, la *Macédoine* et la *Thrace*. C'est ici que nous devrions décrire les *provinces Danubiennes*, si nous n'en avions pas parlé quelques lignes plus haut.

Constantinople, ville de 650,000 habitants, est la capitale de l'empire. Les autres villes principales sont : *Andrinople*, *Salonique*, *Gallipoli*, *Larisse*, *Sophia*, *Varna*, *Silistrie*, *Janina*, *Scutari*.

Les îles de l'Archipel qui appartiennent à la Turquie sont : *Candie*, *Tasso*, *Samotraki*, *Imbro* et *Lemno*.

Au nord de l'Albanie on trouve le *Montenegro*, petit État indépendant.

Ainsi que nous l'avons dit, le sultan règne sur l'*Asie Mineure* et la *Syrie*, et il perçoit en outre un tribut sur l'Égypte et sur la régence de Tripoli.

—

GRÈCE. — Après une antiquité glorieuse dont la civilisation romaine n'a pas effacé la trace profonde, la Grèce, opprimée pendant quatre siècles par les Ottomans, n'a commencé à lutter pour reconquérir son indépendance qu'en 1766. Il lui a fallu un demi-siècle de persévérance et le protectorat commun de la France, de l'Angleterre et de la Russie, la victoire de Navarin et l'expédition de Morée, pour rentrer en possession d'elle-même. Elle s'est alors constituée en monarchie constitutionnelle, et est allée demander à la famille royale de Bavière un prince, Othon, dont elle a fait un roi qu'une révolution a renversé en 1862. C'est encore un monarque étranger à la Grèce, un prince de Danemark, qui règne à Athènes.

Le sol de la Grèce est assez productif ; le climat y est généralement très-doux ; mais le pays, dépeuplé et appauvri par de longues exactions, n'a pu encore recouvrer sa prospérité. Il est sillonné par plusieurs chaînes de montagnes et traversé par un grand nombre de cours d'eau qui ne sont pas navigables pour la plupart.

La Grèce se divise en dix nomes ou provinces, dont trois au sud de la Turquie, cinq dans la Morée, et deux dans les îles. Les villes principales sont : *Athènes*, siége du gouvernement, qui renferme 45,000 habitants ; on y a fondé une université et une école d'antiquités ; *Livadie, Lépante*, où se livra en 1571 la bataille qui mit fin aux conquêtes des Turcs en Europe ; *Missolonghi,* célèbre par sa défense en 1825 et 1826, et par la mort du poëte anglais Byron. En Morée, on trouve les villes de *Nauplie, Modon, Patras, Tripolitza, Napoli de Romanie, Mistra,* près des ruines de l'ancienne Sparte, *Navarin,* où la flotte turco-égyptienne fut détruite en 1827.

Les îles de l'Archipel qui se rattachent à la Grèce sont : *Négrepont,* réunie à la terre ferme par un pont ; *Égine, Naxos, Paros, Hydra, Santorin* et plusieurs autres habitées par des marins qui se sont distingués dans les guerres de l'indépendance.

Les *îles Ioniennes,* grecques par leur origine, ont formé longtemps une petite république appelée *république des Sept îles.* Elles furent placées en 1815 sous le protectorat de l'Angleterre, qui y prit insensiblement toute l'autorité, dont elle s'est dessaisie cependant en faveur de la Grèce. Elles font à présent partie de ce nouveau royaume. Les sept îles principales sont : *Corfou, Paxo, Sainte-Maure, Céphalonie, Zante, Cérigo, Théaki* (Ithaque).

Les habitants de ces îles sont catholiques, tandis

qu'en Grèce c'est le culte schismatique grec qui est dominant.

—

ESPAGNE. — La péninsule Ibérique fut civilisée successivement par les Phéniciens, les Grecs, les Carthaginois et les Romains. Envahie par les Barbares, elle devint en 710 la proie des Sarrasins, et la province des Asturies était alors le seul refuge des chrétiens. Ceux-ci luttèrent pendant sept siècles contre les sectateurs de Mahomet, qui furent définitivement expulsés d'Espagne en 1492, l'année même où Christophe Colomb découvrit l'Amérique, au profit de Ferdinand le Catholique et d'Isabelle, sa femme.

Grâce aux richesses qui lui vinrent de ces immenses colonies, l'Espagne atteignit le comble de la puissance, mais le luxe et la mollesse firent décliner de jour en jour cette nation, qui se déshabituait du travail productif.

En 1506, la maison d'Autriche occupa le trône d'Espagne jusqu'en 1700, où elle s'éteignit. Ce fut ce qui donna lieu à cette longue guerre de succession qui fit courir de si grands dangers à la monarchie de Louis XIV, et qui eut cependant pour résultat de substituer une dynastie bourbonienne à une dynastie autrichienne.

En 1808, la couronne d'Espagne fut donnée à Joseph, frère de Napoléon ; mais les Bourbons rentrèrent en

1814 et ne surent pas donner la tranquillité à ce pays qui en avait si grand besoin.

La péninsule Hispanique ou Ibérique (Espagne et Portugal) est une contrée montagneuse. On trouve au Nord les *Pyrénées,* qui s'élèvent sur la frontière de France et qui ont en Espagne leurs sommets les plus élevés. A partir du col de Belate, elles sont continuées par les *monts Cantabres,* les *monts des Asturies,* les *monts de Galice,* ces derniers se divisant en deux branches qui se terminent, l'une au cap Ortegal, l'autre au cap Finisterre.

Aux monts Cantabres se rattachent les *monts Ibériens,* qui s'étendent du Nord au Sud et séparent la péninsule en deux versants, celui de la Méditerranée et celui de l'Océan Atlantique. Cette chaîne prend successivement les noms de Sierra d'Occa, Sierra de Moncayo, Sierra d'Albaracin et Sierra de Cuença. Cette dernière, par des plateaux, se ramifie à la Sierra Nevada.

Trois grandes branches se rattachent aux monts Ibériens : l'une est formée par la Sierra de Guadarrama, où se trouve le défilé de Somo-Sierra, célèbre par une victoire des Français en 1808; par la Sierra de Grados et la Sierra de Estrella, aboutissant au cap Roca. — La seconde est formée des montagnes de Tolède, de la Sierra de Guadalupe, et se prolonge jusqu'au cap Saint-Vincent. — La Sierra Morena forme la troisième branche.

Le versant de la Méditerranée est tributaire de divers cours d'eau parmi lesquels nous citerons : la *Mouga,* qui passe à Figuières ; le *Llobregat,* qui finit un peu au-dessous de Barcelone ; l'*Èbre,* grand fleuve grossi du Gallego, de l'Aragon, de la Sègre et autres affluents moins considérables, et qui, après avoir arrosé les villes de Miranda, Logrono, Alfaro, Tudela, Saragosse, Mequinenza, Xerta et Tortose, forme un delta en se jetant dans la Méditerranée ; le *Guadalaviar,* qui arrose Valence ; le *Xucar ;* la *Ségura,* qui passe à Murcie.

La *Bidassoa,* petite rivière qui sert de limite à la France et à l'Espagne et qui forme l'*île des Faisans* ou *de la Conférence,* où fut conclu le fameux traité des Pyrénées, est le seul cours d'eau qu'on puisse citer dans le versant septentrional. Il se jette dans le golfe de Gascogne, au-dessous d'Irun et de Fontarabie.

Le versant de l'Atlantique reçoit :

Le *Minho,* qui passe à Orense et sépare, près de son embouchure, l'Espagne du Portugal. Il a pour affluent le *Sil.*

Le *Douro* qui passe à Aranda, Toro et Zamora. Ses affluents sont, à droite, la *Pisuerga,* qui reçoit elle-même l'*Arlanzon,* puis l'*Esla ;* à gauche, le *Tormez,* qui baigne Salamanque.

Le *Mondégo,* qui arrose Coïmbre.

Le *Tage,* le plus grand fleuve de la péninsule. Il passe près d'Almonacid, à Aranjuez, Tolède, Talaveyra,

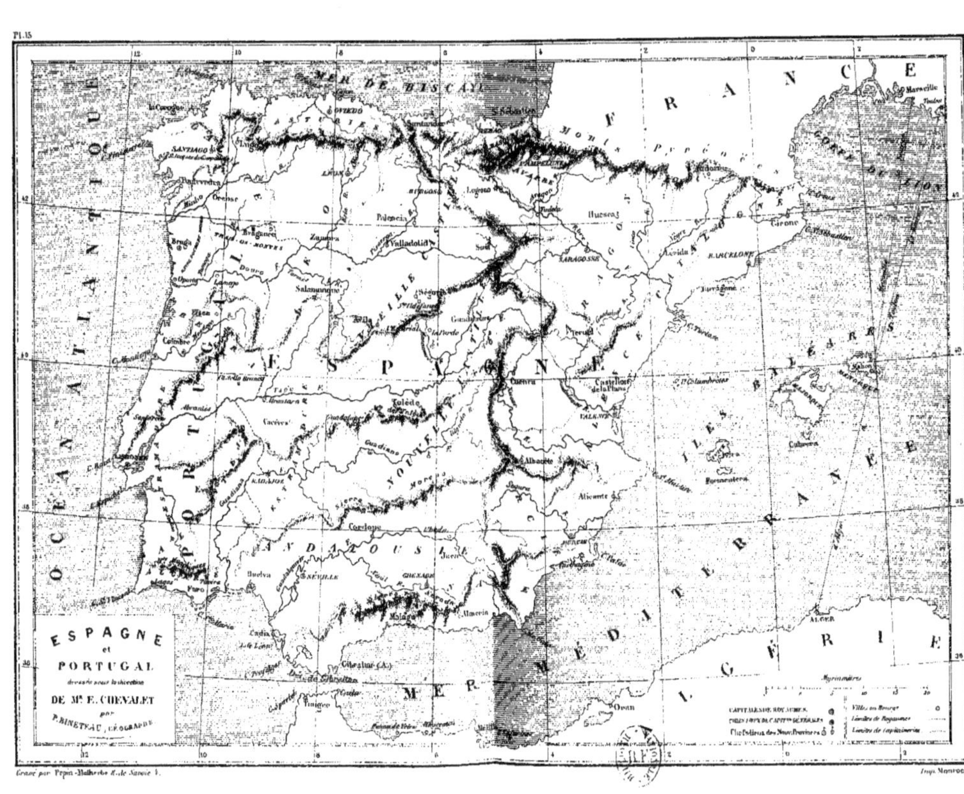

PL.15
MER DE BISCAYE
FRANCE
GOLFE DU LION
Marseille
Toulon
OCÉAN ATLANTIQUE
OVIEDO
S. Sébastien
Monts Pyrénées
ASTURIES
LÉON
Palencia
Valladolid
ZARAGOSSE
ARAGON
Huesca
Gérone
BARCELONE
Tarragone
S. CORDOGNE
Zamora
Salamanque
Douro
Ampurias
ILES BALÉARES
ESPAGNE
CASTILLE
Madrid
Escorial
Cuenca
Castellon
de la Plana
Minorque
Majorque
Iles Columbretes
P. O. DE ZO
Toléde
TALAVERA
Ivice
Formentera
Cabrera
PORTUGAL
Braga
Porto
Coïmbre
Cacéres
BADAJOZ
Guadiana
Xucar
Valence
Albacete
Alicante
Carthagène
Guadalquivir
ANDALOUSIE
Cordoue
SÉVILLE
Huelva
GRENADE
Jaen
MER MÉDITERRANÉE
Malaga
Almeria
Cadix
Gibraltar (A.)
ALGER
ALGÉRIE
Tarifa
MER
Oran
ESPAGNE
et
PORTUGAL
dressée sous la direction
DE Mr F. CHEVALET
par
P. BINETEAU, GÉOGRAPHE
CAPITALES DE ROYAUMES
CHEFS LIEUX DE CAPITies GÉNÉRALES
Villes ou Bourgs
Chefs lieux des Sous-Provinces
Limites de Royaumes
Limites de l'archipairerie
Myriamètres
Gravé par Pepin-Malherbe R. de Savoie 4.
Imp. Monrocq

Abrantès, Santarem et Lisbonne. Le plus important de ses affluents est le *Xarama*, grossi du *Henarez et du Manzanarès*, qui passe à Madrid.

La *Guadiana*, qui forme de vastes marais et passe près de Ciudad-Réal, à Mérida, à Badajoz, près d'Olivenza, et finit à Ayamente.

Le *Guadalquivir*, l'ancien *Bœtis*, le plus navigable des cours d'eau de l'Espagne, qui arrose Andujar, Cordoue et Séville. Son affluent principal, le *Génil*, passe à Grenade.

Ce pays produit des céréales, du vin très-liquoreux et des fruits exquis. On y trouve des mines d'or, d'argent, de plomb, de fer, de mercure et d'antimoine. Les chevaux de l'Andalousie sont comptés parmi les meilleurs de l'Europe, et les mérinos produisent une qualité de laine fort recherchée.

Le gouvernement est représentatif constitutionnel. Le catholicisme est la religion dominante ; toute autre est exclue.

L'Espagne était partagée autrefois en quatorze grandes provinces (si l'on comprend le *royaume de Grenade* dans l'Andalousie) ou en douze capitaineries générales, dont la plupart ont été des royaumes pendant le moyen âge ; elle se divise aujourd'hui en quarante-neuf provinces, y compris les îles *Canaries*, qui en forment une ; mais nous conserverons les anciennes circonscriptions, parce qu'elles sont plus historiques et que les nouvelles en sont formées. D'ailleurs, la carte indiquera les chefs-lieux de ces nouvelles provinces.

Au nord et au centre : la *Galice*, chef-lieu *Saint-Jacques de Compostelle*, où se font des pèlerinages ; la *Navarre*, chef-lieu *Pampelune* ; les *provinces basques*, divisées en trois provinces : 1° Biscaye, chef-lieu Bilbao ; 2° Guipuscosa, chef-lieu Saint-Sébastien ; 3° Alava, chef-lieu Vitoria ; l'administration militaire siége à Saint-Sébastien ; les *Asturies*, chef-lieu *Oviedo* ; l'*Aragon*, chef-lieu *Saragosse* ; la *Catalogne*, chef-lieu *Barcelone* ; le *royaume de Léon*, chef-lieu *Léon*. On y remarque *Salamanque*, célèbre par son antique université ; la *Vieille-Castille*, chef-lieu *Burgos* ; la *Nouvelle-Castille*, chef-lieu *Madrid*, capitale du royaume, située sur le Manzanarès (475,000 habitants). On doit citer aussi *Tolède*, siége d'un archevêché ; le *royaume de Valence*, contrée délicieuse qui a pour chef-lieu la ville de ce nom, située sur la Méditerranée ; *Alicante*, port de mer d'où s'expédient des vins renommés.

Au sud : l'*Estramadure*, chef-lieu *Badajoz* ; le *royaume de Murcie*, chef-lieu *Murcie* ; l'*Andalousie*, chef-lieu *Séville* ; il faut citer encore *Cadix*, ville forte et port de mer très-commerçant ; *Jaën, Grenade, Cordoue, Huesca*, etc.

Enfin le *royaume de Majorque*, qui était formé des îles Baléares, situées dans la Méditerranée et dont les principales sont au nombre de trois : *Majorque*, chef-lieu *Palma*, port très-commerçant ; *Minorque*, chef-lieu

Port-Mahon; *Iviça*, chef-lieu du même nom ; les îles de Cabrera et de Formentera en faisaient aussi partie.

La forteresse et le port de *Gibraltar* appartiennent aux Anglais, qui s'en sont rendus maîtres en 1704 et y ont été maintenus par la paix d'Utrecht en 1713. De nos jours, où le principe des nationalités commence à devenir un article de foi pour les populations, on a peine à s'expliquer que l'Angleterre reste en possession d'un point de cette importance et qui appartient si incontestablement au territoire espagnol.

Rappelons que l'Espagne possède encore en Afrique *Ceuta*, *Melilla*, *Penon de Velez*, et les îles *Zafarines*, sur la côte du Maroc ; les îles *Canaries* et l'île *Annobon*. — En Amérique, dans les grandes Antilles, *Cuba*, *Porto-Rico* et la partie orientale de *Haïti*, qui lui est disputée par les indigènes ; dans les petites Antilles, *Vicque*, *Cabrera* ; dans l'Océanie, les *Carolines*, les *Mariannes* et les *Philippines*.

—

RÉPUBLIQUE D'ANDORRE. — Dans une vallée des Pyrénées, sur la frontière de la France, est située la république d'Andorre, qui subsiste sous le double protectorat de la France et de l'Espagne. Elle n'a que 17,000 habitants répartis entre trente-quatre villages. La capitale est *Andorre,* qui renferme à peu près 2,000 âmes.

—

PORTUGAL. — L'histoire de l'ancienne Lusitanie se confond, dans l'antiquité et pendant une partie du moyen âge, avec celle de l'Espagne. Au douzième siècle, un prince de la maison de Bourgogne, Henri, arrière-petit-fils de Hugues Capet, reçoit en dot d'Alphonse VI, roi de Castille, dont il avait épousé la fille, tout le pays compris entre le Minho et le Tage, sous le nom de Porto ou Portugal, avec tout ce qu'il pourrait conquérir sur les *Maures,* déjà maîtres d'une partie de l'Espagne. Le royaume de Portugal fut constitué dès lors jusqu'en 1580, époque où Philippe II, fils de Charles-Quint, réunit les deux couronnes.

En 1640, don Juan de Bragance expulse les Espagnols et se fait reconnaître roi de Portugal. Le traité de Methween, en 1703, transforma en quelque sorte ce pays en province anglaise. Par ce traité, l'Angleterre seule avait le droit d'introduire ses marchandises dans tous les ports, à la condition que les vins de Portugal, dont les Anglais devaient acheter tous les ans une quantité déterminée, payeraient, à leur entrée dans la Grande-Bretagne, un tiers de droits de moins que les vins de France. Cet état de choses se prolongea jusqu'au fameux décret de 1807, portant que la maison de Bragance avait cessé de régner. Le Portugal fut alors envahi par les troupes françaises, et la famille royale se rendit au Brésil. Elle le quitta en 1821, lorsque le Brésil se détacha de la mère patrie.

Don Pedro, fils de Jean VI, garda l'empire du Brésil

et céda le trône de Portugal à sa fille dona Maria, qui a épousé un prince de Saxe-Cobourg, et abdiqué en faveur de son fils.

Le Portugal, qui jouit d'un climat délicieux, présente une grande variété de produits naturels. D'immenses vergers sont plantés d'orangers, de citronniers, d'aloès, de grenadiers et de plusieurs autres fruits importés des Indes; mais l'agriculture y est négligée et une bonne partie du terrain est inculte. L'industrie et le commerce sont très-bornés dans ce pays ruiné par la jalouse tutelle de l'Angleterre, qui y est maîtresse de tout le commerce national.

La forme du gouvernement y est la même qu'en Espagne, et c'est également le catholicisme qui domine. Le Portugal est divisé en six régions subdivisées en huit provinces, savoir :

RÉGIONS.		CHEFS-LIEUX.	
1°	Le Minho	Braga.	
	Douro	Oporto.	
2°	Tras-os-Montes. . .	Bragance.	
3°	Basse-Beira	Castello-Branco.	Coïmbre.
	Haute-Beira	Viseu.	
4°	Estramadure. . . .	Lisbonne.	
5°	Alemtejo.	Evora.	
6°	Les Algarves. . . .	Faro, Taviva et Lagos, villes maritimes.	

Lisbonne, capitale du royaume, à l'embouchure du Tage, renferme 300,000 habitants. Elle a été presque entièrement détruite en 1755 par un épouvantable tremblement de terre. La ville de *Coïmbre* est célèbre par son université. Le petit port de *Sinès* est la patrie de l'illustre navigateur *Vasco de Gama*.

En Afrique, le Portugal possède les *Açores*, l'*Archipel de Madère*, les *îles du Cap-Vert* et de *Saint-Thomas*, les provinces du *Congo*, d'*Angola*, de *Benguela* et la capitainerie de *Mozambique*. En Asie, *Goa* dans l'Inde, et l'île de *Macao* en Chine.

QUINZIÈME SÉANCE.

France. — Ses limites. — Son étendue. — Ses grandes divisions par versants et par bassins.

BASSINS DE LA MEUSE ET DE L'ESCAUT.

La France est située dans la zone tempérée, entre le 42e ¹/₂ et le 50e degré de latitude nord ; le 7e degré de longitude ouest et le 6e degré de longitude est.

La forme de la France est celle d'un hexagone irrégulier dont trois côtés sont baignés par la mer et trois rattachés au continent.

Dunkerque, la pointe Saint-Mathieu, extrémité du département du Finistère, l'embouchure de la Bidassoa, le cap Cerbera, l'embouchure de la Roya et Longwy forment les sommets des angles de l'hexagone.

La plus grande longueur de la France, sous le méridien de Paris, est de 956 kilomètres ; sa plus grande largeur, entre le 48e et le 49e parallèle, de la pointe Saint-Mathieu à la frontière de l'est, est d'environ

916 kilomètres ; la diagonale de la pointe Saint-Mathieu à l'embouchure de la Roya est de 1,094 kilomètres ; celle de Longwy à l'embouchure de la Bidassoa est de 988 kilomètres. Le développement total du contour est d'environ 3,390 kilomètres, dont 2,030 pour les côtes et 1,360 pour les limites de terre. La superficie de la France est donc de 546,975 kilomètres carrés et une fraction.

La ligne de partage des eaux (voir *Europe physique*) divise la région française en *deux versants* principaux d'inégale grandeur : celui du nord-ouest, tributaire de l'*Océan Atlantique*, et celui du sud-est, tributaire de la *Méditerranée*.

Le versant de l'Océan Atlantique se subdivise en trois versants secondaires :

1° Celui de la mer du Nord ;

2° Celui de la Manche ;

3° Celui de la mer de France.

La ligne de partage des eaux depuis le *Saint-Gothard* jusqu'aux sources de la Meuse, l'*Argonne* et les *Ardennes occidentales*, enfin les *collines de l'Artois*, jusqu'au cap Gris-Nez, séparent le versant de la mer du Nord de celui de la Manche.

Les *monts du Morvan*, les collines du *Nivernais* et de l'*Orléanais*, celles du *Perche* et de *Normandie*, celles du *Maine*, les *monts de Bretagne*, séparent le versant de la Manche de celui de la mer de France (golfe de Gascogne).

Versant de la mer du Nord. — Il comprend le bassin du *Rhin*, qui a cessé de nous appartenir et où nous n'avons plus que son affluent, la *Moselle*, et les bassins secondaires de la *Meuse* et de l'*Escaut*. (Pour la Moselle, voir *Région allemande, Bassin du Rhin*.)

Versant de la Manche. — Il comprend le bassin de la *Seine*, le bassin secondaire de la *Somme*, séparé par les collines de Caux et de Picardie, et un nombre considérable de bassins côtiers.

Versant de la mer de France, borné au nord par les monts que nous venons de citer et au sud par les Pyrénées. — Il comprend les deux grands bassins de la *Loire* et de la *Garonne*; les bassins secondaires de la *Vilaine*, de la *Charente* et de l'*Adour*, et les bassins côtiers.

Versant de la Méditerranée. — Il est limité à l'ouest par le plateau de Langres, les monts du Charolais et du Beaujolais, du Vivarais, du Gévaudan, les monts Garrigues, de Lespinous, les montagnes Noires et les Corbières occidentales, qui le séparent du versant de la mer de France ; au sud, par les Pyrénées orientales, et à l'est par les monts Faucilles, le Jura, le Jorat et les Alpes, et comprend le grand bassin du *Rhône* et des bassins côtiers.

Versant de la mer du Nord. — Le bassin de la *Meuse* est formé par les Argonnes et les Ardennes orientales, par les Argonnes et les Ardennes occidentales, et par les monts de Belgique, qui le séparent de celui de l'Escaut.

La Meuse, qui prend sa source aux monts Faucilles, arrose Verdun, Sedan, Mézières, Charlemont, Givet, entre en Belgique et passe à Dinant, Namur, Liége, pénètre en Hollande, où elle arrose Maëstricht. Elle se grossit dans son parcours de plusieurs rivières, parmi lesquelles il convient de citer la *Sambre*, qui touche Landrecies, Maubeuge, Erqueline, Marchiennes, Charleroi et finit à Namur, et le *Chiers*, qui passe à Montmédy.

Le bassin de *l'Escaut* a pour ceinture les collines de Belgique et les collines de l'Artois.

Ce fleuve descend du plateau de Saint-Quentin, arrose Cambrai, Bouchain, Denain, Valenciennes, Condé, entre en Belgique, passe à Antoing, près de Fontenoy (bataille en 1745), à Tournay, Oudenarde (bataille de 1708), Gand et Anvers.

Ses affluents sont, à droite, la *Haisne*, la *Rupel*; ceux de gauche, la *Scarpe* et la *Lys*.

La Haisne passe à Mons, Jemmapes et finit à Condé. Dans sa vallée on trouve Malplaquet.

La Rupel est formée de deux rivières qui se réunissent près de Malines et qui sont la *Dyle* et la *Nèthe*. La Dyle arrose Louvain et est grossie de la *Senne*, qui passe à Bruxelles. C'est entre ces deux rivières que se trouve le champ de bataille de Waterloo. — Ramillies et Nerwinde sont situés dans la vallée de la Dyle.

La Nèthe est formée de la grande et de la petite Nèthe.

La *Scarpe* arrose Arras et Douai.

La *Lys*, grossie de la *Deule* qui passe à Lille, arrose Aire et Saint-Venant en France, et Courtray en Belgique.

Entre l'embouchure de l'Escaut et le cap Gris-Nez se trouvent les bassins côtiers de l'*Yser* et de l'*Aa*.

On appelle bassins côtiers ceux dans lesquels se trouvent des cours d'eau de peu d'importance et qui se rendent directement dans la mer.

SEIZIÈME SÉANCE.

Versants de la Manche et de la mer de France.

BASSINS DE LA SEINE, DE LA LOIRE, DE LA GARONNE ET BASSINS SECONDAIRES ET COTIERS.

Bassin de la Seine. — Il est entouré, au nord, par les collines de Caux et de Picardie, les Ardennes et les Argonnes occidentales; à l'est, par le plateau de Langres; au sud, par les monts du Morvan, les collines du Nivernais, le plateau d'Orléans, les collines du Perche et de Normandie.

La Seine prend sa source dans le département de la Côte-d'Or, au mont Tasselot, dans le plateau de Langres. Elle arrose Châtillon, Bar-sur-Seine, Troyes, Méry, où elle devient navigable, Bray, Montereau, Moret, laisse Fontainebleau sur la gauche, touche Melun, Corbeil, Charenton, traverse Paris, arrose Saint-Cloud, Saint-Denis, Poissy, Meulan, Mantes, Vernon, les Andelys, Pont-de-l'Arche, Elbeuf, Rouen, Ducler, Caudebec, Quillebœuf, et finit entre Honfleur à gauche et le Havre à droite.

Le cours de la Seine, surtout à partir de Paris, forme un grand nombre de sinuosités, notamment à Saint-Denis, à Meulan, entre Mantes et Vernon, à Rouen, à Ducler et à Caudebec. La marée produit, dans la basse Seine, le phénomène de la *barre* ou *mascaret,* vague formidable qui remonte quelquefois jusqu'à Rouen.

Affluents de la Seine. — *Rive droite :*

L'*Aube* prend sa source au plateau de Langres, arrose Clairvaux, Bar-sur-Aube, Arcis, et finit au-dessus de Nogent.

La *Marne* descend également du plateau de Langres, arrose Langres, Chaumont, Saint-Dizier, où elle devient navigable, Vitry, Châlons, Épernay, Dormans, Château-Thierry, la Ferté-sous-Jouarre, Meaux, Lagny, et finit à Charenton.

L'*Oise* naît en Belgique, dans les Ardennes occidentales, arrose Guise, La Fère, Chauny, Compiègne, Creil, Pontoise.

L'*Epte* arrose Gisors et Saint-Clair.

Rive gauche :

L'*Yonne* arrose Château-Chinon, Clamecy, Auxerre, où elle devient navigable, Joigny, Sens, et finit à Montereau.

Le *Loing* passe à Bléneau, Châtillon, Montargis, Nemours, et finit à Moret.

L'*Eure* arrose Chartres, Maintenon, et finit près de Louviers.

La *Rille* passe à Laigle.

Bassin de la Loire. — Le vaste bassin de la Loire a pour ceinture, à droite, les collines de Normandie et du Perche, les monts du Morvan, les collines du Nivernais, le plateau d'Orléans et les collines du Maine, jusqu'au Croisic; à gauche, la portion méridionale des monts du Vivarais jusqu'aux sources de l'Allier, les monts de la Margeride, les montagnes d'Auvergne, le plateau de Millevaches, les monts du Limousin, les monts du Poitou et les collines du Bocage vendéen, ou plateau de Gâtine, jusqu'à la pointe de Saint-Gildas.

La Loire prend sa source au mont Gerbier-des-Joncs, dans le département de l'Ardèche. Elle passe près du Puy, à Saint-Rambert, à Roanne, où elle devient navigable, arrose ensuite Digoin, Nevers, Fourchambault, La Charité, Pouilly, Cosne, Briare, Orléans, Beaugency, Blois, Amboise, Tours, Saumur, Ingrande, Ancenis, Nantes, Paimbeuf, et finit à Saint-Nazaire.

Affluents de la Loire. — *A droite :*

La *Nièvre* naît dans les collines du Nivernais, arrose Guérigny et finit à Nevers.

La *Maine,* formée du faisceau de la *Mayenne* et de la *Sarthe,* grossie du *Loir.* La *Mayenne* descend des collines de Normandie, arrose Mayenne, Laval, Château-Gonthier, et se réunit à la Sarthe au-dessus d'Angers. La *Sarthe* prend sa source au point de jonction des collines du Perche et de Normandie, passe à Alençon, au Mans, à Sablé, à Nogent-le-Rotrou. Le *Loir*, qui descend du plateau d'Orléans, arrose Châteaudun, Vendôme, Château-du-Loir et La Flèche. Au-dessus d'Angers, au confluent de la Mayenne et de la Sarthe, commence la *Maine*, qui arrose cette ville et se jette dans la Loire près des Ponts-de-Cé.

Rive gauche :

L'*Allier*, descendant des monts du Vivarais, coule parallèlement à la Loire, dont il est séparé, dans son bassin supérieur par les monts du Velay et du Forez ; passe à Langeac, près de Brioude, à Brassac, à Vichy, Moulins, et finit au Bec-d'Allier, après avoir reçu la *Dore*, qui passe à Ambert.

Le *Loiret*, qui passe à Olivet, finit au-dessous d'Orléans.

Le *Cher* prend sa source dans les monts d'Auvergne, arrose Montluçon, Saint-Amand, Vierzon, Saint-Aignan, et va se jeter dans la Loire par trois confluents.

L'*Indre* passe à la Châtre, à Châteauroux, à Châtillon, à Loches, à Azay-le-Rideau, et se divise en deux bras, dont l'un se jette dans le Cher et l'autre dans la Loire.

La *Vienne* descend du plateau de Millevaches, arrose Saint-Léonard, Limoges, Confolens, Châtellerault, Chinon, et finit à Candes, après avoir reçu la *Creuse*, qui passe à Aubusson, près de Guéret, arrose Argenton, le Blanc et la Haye, et le *Clain*, qui passe à Poitiers.

La *Sèvre Nantaise,* qui passe à Tiffauges, à Clisson, finit à Nantes.

Bassin de la Garonne. — La ceinture de ce bassin est formée par les collines de la Saintonge et du Périgord, par les monts du Limousin, d'Auvergne et de la Margeride, par les Cévennes méridionales, les Corbières et les Pyrénées, entre le pic de Corlitte et le mont Cylindre, d'où se détachent les montagnes de Bigorre et les collines de l'Armagnac et du Bordelais, qui finissent à la pointe de Grave.

La Garonne prend sa source dans le val d'Arran, et n'entre en France qu'après un parcours de 50 kilomètres sur le territoire espagnol. Elle arrose Saint-Gaudens, Cazères, où elle devient navigable, Muret, Toulouse, Grenade, Castel-Sarrasin, Agen, Tonneins, Marmande, La Réole, Bordeaux. Au Bec-d'Ambez, elle se réunit à la Dordogne et prend avec elle le nom de Gironde. Elle finit entre le fort Royan et la batterie de la pointe de Grave.

AFFLUENTS DE LA GARONNE. — *Rive droite :*

L'*Ariége* passe à Tarascon, Foix, Pamiers, et finit entre Muret et Toulouse.

Le *Tarn* descend du mont Lozère, arrose Florac, Millau, Albi, Gaillac, Montauban, et finit au-dessus de Moissac, après avoir reçu l'*Aveyron,* qui passe à Rodez, Villefranche et Nègrepelisse.

Le *Lot* arrose Mende, Espalion, Cahors, Villeneuve-d'Agen, et finit près d'Aiguillon.

La Dordogne naît au pied du mont Dore, de la réunion de la Dore et de la Dogne, visite Souillac, Bergerac, Castillon, Libourne, Cubzac, et se perd dans la Garonne au Bec-d'Ambez, après avoir reçu la *Vézère*, grossie elle-même de la *Corrèze*, qui passe à Tulle et à Brives-la-Gaillarde.

Rive gauche:

Le *Gers,* qui arrose Auch et Lectoure, et la *Baïse,* qui arrose Condom et Nérac.

BASSINS SECONDAIRES ET COTIERS DU VERSANT DE LA MANCHE ET DE LA MER DE FRANCE.

Du cap Gris-Nez à la pointe de la Hève, à droite de la Seine, on remarque un bassin secondaire, celui de la Somme, et neuf bassins côtiers.

La *Somme* naît au plateau de Saint-Quentin, arrose la ville de ce nom, Ham, Péronne, Corbie, Amiens, Picquigny, Abbeville, et se jette dans la Manche auprès de Saint-Valery.

Les neuf bassins côtiers sont ceux de la *Selaque,* du *Wimereux,* de la *Liane,* de la *Canche* qui arrose Hesdin, Montreuil, et finit à Étaples ; l'*Authie,* qui passe à Doullens et sert de limite aux départements du Pas-de-Calais et de la Somme ; la *Bresle,* qui arrose Aumale, Eu et le Tréport, et qui sépare le département de la Somme de celui de la Seine-Inférieure ; l'*Yère* ; l'*Arques,* qui arrose Arques et finit à Dieppe, et la *Durdan,* qui se jette dans la Manche près de Saint-Valery-en-Caux.

La ceinture de ces bassins est formée, à droite, par les collines de l'Artois ; à gauche, par les collines de Picardie et du pays de Caux.

On compte sept bassins côtiers de la pointe de la Hève à la pointe de la Hogue : la *Touques,* qui arrose Lisieux, Pont-l'Évêque, Touques, et finit à Trouville ; la *Dives ;* l'*Orne,* qui arrose Séez, Argentan et Caen ; la *Taule ;* la *Vire,* qui arrose Vire, Saint-Lô, Isigny, et marque à son embouchure la limite des départements du Calvados et de la Manche ; la *Douve,* et la *Divelle,* qui finit à Cherbourg.

La ceinture de ces bassins est formée par les collines de Lieuvin et de Normandie d'un côté, et de l'autre par les monts du Cotentin.

De la pointe de la Hogue à la pointe Saint-Mathieu, nous avons douze petits bassins côtiers, savoir : la *Sienne,* qui arrose Coutances ; la *Sée,* qui arrose Avranches ; la *Selune,* qui passe près de Mortain ; le *Couesnon,* qui passe à Fougères, Antrain, Pontorson, et sépare le département de la Manche de celui d'Ille-et-Vilaine. Ces trois dernières rivières vont se perdre dans la baie de Saint-Michel ; la *Rance,* qui arrose Dinan et finit entre Saint-Servan et Saint-Malo ; l'*Arguenon ;* le *Gouet,* qui arrose Saint-Brieuc ; le *Trieux,* qui passe à Guingamp ; le *Tréguier,* qui passe à Tréguier ; le *Guer,* qui arrose Lannion ; le *Morlaix,* qui arrose la ville du même nom, et le *Peuzé,* qui court vers Saint-Pol-de-Léon.

La ceinture de ces douze bassins est formée par les

Pl. 16

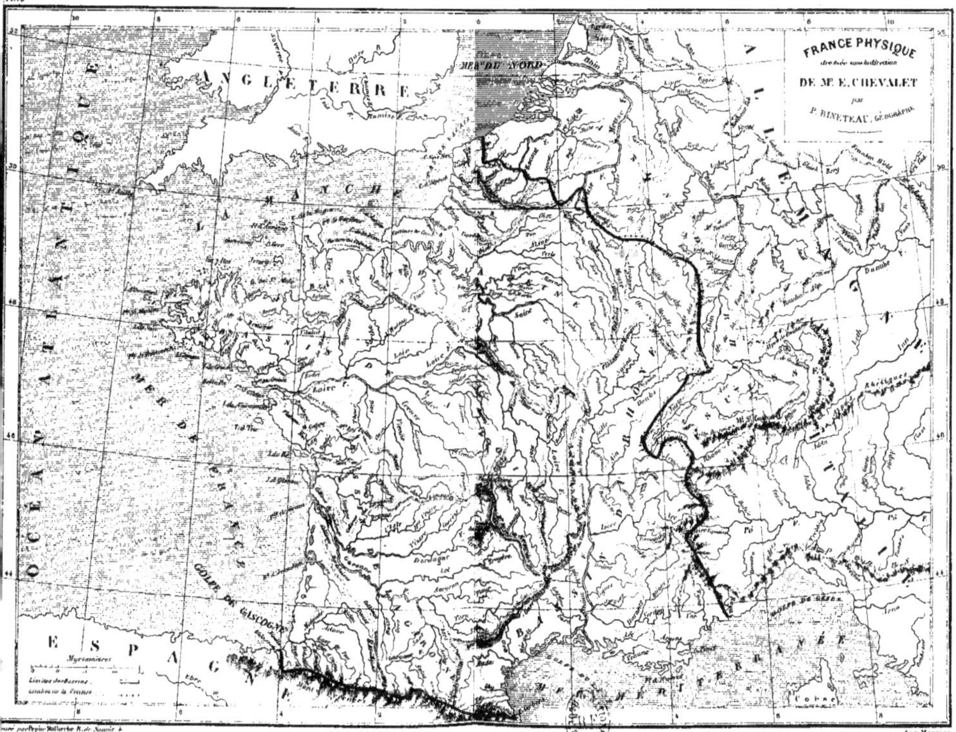
FRANCE PHYSIQUE
dressée sous la direction
DE Mr. E. CHEVALET
par
P. BINETEAU, Géographe
ANGLETERRE
MER DU NORD
MANCHE
OCÉAN ATLANTIQUE
MER DE FRANCE
GOLFE DE GASCOGNE
ESPAGNE
ALLEMAGNE
SUISSE
ITALIE
MER MÉDITERRANÉE
Corse
Myriamètres
Limites des Bassins
Limites de la France
Loire
Dordogne
Lot
Danube
Pô

Gravé par Pepin Malherbe R. de Seine 4

Imp. Monrocq

monts du Cotentin, les monts de Bretagne et les monts d'Arrée.

De la pointe Saint-Mathieu à la pointe du Croisic, rive droite de la Loire, nous comptons neuf bassins côtiers et un bassin secondaire, celui de la Vilaine.

Les bassins côtiers sont : le *Penfeld,* qui finit à Brest ; l'*Élorn,* qui arrose Landerneau et se jette dans la rade de Brest ; l'*Aulne,* qui passe à Châteaulin et finit également dans la rade de Brest ; l'*Odet,* qui arrose Quimper ; le *Quimperlé;* le *Scorff,* qui finit à Lorient ; le *Blavet,* qui arrose Hennebon et Port-Louis ; l'*Auray,* qui finit dans la baie du Morbihan ; la *Marle,* qui arrose Vannes.

La *Vilaine,* bassin secondaire, prend sa source au point de jonction des monts de Bretagne et des collines du Maine, arrose Vitré, Rennes, Redon et la Roche-Bernard. Elle reçoit l'*Ille,* qui commence près de Saint-Aubin-du-Cormier et finit à Rennes ; la *Meu,* qui passe à Montfort ; l'*Oust,* qui touche Loudéac, Ploërmel et Redon, et divers autres petits cours d'eau.

La ceinture de ces dix bassins est formée par les monts de Bretagne et les collines du Maine.

De la pointe du Croisic à la pointe de la Coubre, rive gauche de la Loire, nous avons un bassin secondaire, la *Charente,* et cinq bassins côtiers.

Les bassins côtiers sont : le *Falleron,* la *Vie,* le *Lay,* la *Sèvre Niortaise,* qui arrose Niort et Marans, et se grossit de la *Vendée,* qui arrose Fontenay-le-Comte ; la *Seudre.*

La *Charente*, qui a sa source dans les monts du Limousin, arrose Civray, Angoulême, Jarnac, Cognac, Saintes, Taillebourg, Condé, Tonnay-Charente et Rochefort. Elle se grossit de la *Tardoire,* qui passe à Chalus et à La Rochefoucault ; de la *Seugne,* qui passe à Jonzac, et de la *Boutonne,* qui arrose Saint-Jean-d'Angely.

Les collines du Bocage, les monts du Poitou au nord, et au sud les collines du Périgord et de la Saintonge, forment la ceinture de ces six bassins.

De la pointe de la Coubre à la pointe du Figuier, à gauche de la Garonne, on rencontre un bassin secondaire, celui de l'*Adour*, et trois bassins côtiers.

Les bassins côtiers sont la *Leyre,* la *Nivelle* et la *Bidassoa*.

L'*Adour* prend sa source non loin du Pic du Midi, dans le département des Hautes-Pyrénées. Il arrose Campan, Bagnères-de-Bigorre, Tarbes, Aire, Dax, et finit entre Saint-Esprit et Bayonne. Il reçoit dans son parcours la *Douze,* la *Midouze,* qui passe à Mont-de-Marsan ; le *gave de Pau,* qui arrose Argelès, Lourdes, Pau et Orthez ; le *gave d'Oléron,* qui arrose Oléron, Navarreins et Sauveterre ; le *gave de Mauléon,* qui passe à la ville du même nom ; la *Bidouze,* la *Nive* et la *Nivelle.*

La ceinture de ces bassins est formée par les monts de Bigorre, les collines de l'Armagnac et du Bordelais, les Pyrénées occidentales et les monts de la Basse-Navarre.

DIX-SEPTIÈME SÉANCE.

Versant de la Méditerranée. — Bassin du Rhône, etc.

La ceinture du bassin du Rhône est formée par la ligne de partage des eaux, depuis le pic de Corlitte jusqu'au Saint-Gothard, et par la chaîne des Alpes pennines, grées, cottiennes et maritimes jusqu'à la mer.

Ce fleuve a sa source dans le massif du Saint-Gothard, coule d'abord entre les Alpes bernoises et les Alpes pennines, arrose Sion, Martigny, traverse le lac de Genève, et, séparant l'Ain des deux départements formés par la Savoie, atteint le fort l'Écluse et Bellegarde. Il se fraye alors un passage torrentueux entre deux montagnes et des rochers éboulés qui surplombent, à l'endroit qu'on appelle *la perte du Rhône*. Il arrose ensuite Le Parc, où il devient navigable, Seyssel, Pierre-Châtel, Saint-Sorlin, Lyon, Givors, Vienne, Tournon, Valence, Pont-Saint-Esprit, Avignon, Tarascon, Arles. Au-dessous de cette dernière, il se divise en deux branches : celle de l'est, la plus considérable, s'appelle *Grand-Rhône*, celle de l'ouest, *Petit-Rhône;* de la première se détache le *Vieux-Rhône* ou *canal du Japon*, de la seconde se détache le *Rhône mort*, qui arrose Fort-Peccais. Ces quatre bras finissent dans le golfe du Lion. Les deux bras principaux forment le delta du Rhône, appelé île de la Camargue, où se trouve l'étang de Valcarès.

AFFLUENTS DU RHÔNE. — *Rive droite :*

La *Valserine,* torrent qui se précipite dans le Rhône auprès de Bellegarde.

L'*Ain,* qui descend du Jura occidental et ne touche aucune localité importante.

La *Saône* naît aux monts Faucilles, dans les Vosges, arrose Gray, Auxonne, Châlon, Tournus, Mâcon et Lyon, après avoir reçu le *Doubs,* qui descend du Jura central dans le département du Doubs, coule d'abord du nord au sud, arrose Pontarlier, sert un instant de limite entre le département et la Suisse, forme dans cette partie de son cours une cascade de 27 mètres de hauteur, appelée *Saut du Doubs,* sort de France en faisant un coude en Suisse, rentre dans le département, et, après plusieurs circuits irréguliers, arrose Baume-les-Dames, Besançon, Dôle, et finit à Verdun-sur-Saône. — La *Savoureuse,* affluent du Doubs, passe à Belfort, et l'*Ouche,* affluent de la Saône, passe à Dijon. La Saône reçoit encore le *Grône,* qui passe à Cluny, et la *Seille* qui passe à Louhans.

L'*Ardèche* passe à Aubenas et finit près de Pont-Saint-Esprit.

Le *Gard,* formé de trois rivières qui descendent des monts du Gévaudan, arrose Anduze et finit au-dessus de Beaucaire.

Rive gauche :

Le *Fier* traverse le lac et la ville d'Annecy.

Le *Bourget* traverse le lac de ce nom, et reçoit, avant d'y entrer, l'*Albane*, qui passe à Chambéry.

L'*Isère* prend sa source dans les Alpes grées, en Savoie, coule vers Montmélian, puis Grenoble, Romans, et finit au-dessus de Tournon.

La *Drôme* passe à Die et à Crest.

La *Durance*, formée de trois rivières qui se réunissent à Briançon, arrose Mont-Dauphin, Embrun, Sisteron, Cavaillon, et finit au-dessus d'Avignon.

Bassins côtiers à l'est du Rhône. — La ceinture de ces bassins est formée par les Alpes maritimes, depuis le col de Cadibone, et par les Alpes de Provence.

Ces petits bassins sont au nombre de onze :

L'*Arc*, la *Veaune*, le *Gapeau*, la *Molle*, l'*Argens*, le *Siagne*, le *Var* qui arrose Entrevaux, la *Roya* qui sert de limite à la France, la *Taggia*, l'*Impériale* et l'*Arroscia*.

Ces trois derniers cours d'eau, qui arrosent la province de Gênes, sont traversés par la route de la Corniche, qui va de Nice à Gênes, se prolonge au sud jusqu'à Livourne, et au nord, jusqu'à Alexandrie et jusqu'à Milan par Pavie.

Bassins côtiers à l'ouest du Rhône. — Les Pyrénées orientales depuis le cap Creus jusqu'au pic de Corlitte, les Cévennes et les collines du Gard forment la ceinture de ces bassins.

Ils sont au nombre de dix.

Le *Tech*, qui arrose Pratz de Mollo, Fort-les-Bains,

Céret, et finit près de Collioure ; le *Réart*, le *Tet*, qui descend du pic de Corlitte, arrose Mont-Louis, Villefranche, Prades et Perpignan ; la *Gly* ; l'*Aude*, qui arrose Limoux, Carcassonne, et finit entre l'étang de Vendres et celui de Fleury ; l'*Orb*, qui passe à Béziers ; l'*Hérault,* qui passe à Pézenas et reçoit l'*Ergues*, qui arrose Lodève ; le *Lez*, qui arrose Montpellier ; la *Vidourle,* qui passe près de Lunel ; la *Vistre*, qui prend sa source dans les collines du Gard, passe près de Nîmes et finit dans le canal de Beaucaire.

DIX-HUITIÈME SÉANCE.

Montagnes.

Cinq systèmes de montagnes appartiennent ou se rattachent à la région française : 1° les *Alpes occidentales ;* 2° le *Jura ;* 3° les *Vosges,* auxquelles se relient les monts *Faucilles,* le *Plateau de Langres* et la *Côte d'Or ;* 4° les *Cévennes ;* 5° les *Pyrénées occidentales, centrales* et *orientales.*

Les Alpes de la région française se composent de la partie occidentale des Alpes pennines, entre le mont Blanc et le mont Saint-Gothard ; des Alpes grées, entre le mont Blanc et le mont Cenis ; des Alpes cottiennes, entre le mont Cenis et le mont Viso, et de la partie des Alpes maritimes comprise entre le mont Viso et le col de Cadibone. Elles envoient dans les départements des Hautes-Alpes, de l'Isère, de la Drôme et de Vaucluse, diverses branches servant de ceinture aux bassins de la Durance, de la Drôme et de l'Isère.

Les *Alpes maritimes,* ainsi nommées parce qu'elles avoisinent la Méditerranée, étendent leurs ramifications dans les départements des Basses-Alpes et du Var, pour y former la ceinture des bassins du Var et du Rhône.

Les principaux cols qui se trouvent dans les Alpes sont ceux du *mont Cenis,* du *Saint-Bernard,* de l'*Argentière* et d'*Agnello.*

C'est par ces deux derniers cols que François Ier fit passer son armée, en 1515, pour déboucher dans le Piémont, en tournant la gauche des Suisses, qui l'avaient prévenu aux passages du mont Genèvre et du mont Cenis, alors les seuls réputés praticables à une armée.

C'est dans les *Alpes pennines* que se trouvent les plus hauts sommets, entre autres celui du *mont Blanc,* qui a 4,800 mètres d'altitude.

Le *Jura,* qui n'est qu'une grande branche qui se détache des Alpes de la Suisse, se partage en un grand nombre de sections, du nord-est au sud-ouest, depuis la dent de Vaulion jusqu'au col de Valdieu. Les points culminants du Jura sont le *mont Tendre,* près du col de Saint-Cergues ; la *Dôle,* le *Reculet,* le *Grand-Credo* et le *mont Terrible.* Les cols qui traversent le Jura forment les routes de Besançon à Genève, de Lyon et de Mâcon à Genève, de Besançon à Neufchâtel, de Besançon à Bâle, par Porentruy et par Belfort.

Les *Vosges*. Au col de Valdieu commencent les collines de Belfort, qui relient le Jura aux Vosges. Les cimes de ces dernières, généralement arrondies, portent le nom de *ballons*. Les principales sont : le *Bœrenkopf*, le *ballon d'Alsace*, le *ballon de Guebwiller*, le *Donon*, le *mont Tonnerre*. Les cols qui traversent les Vosges sont : le *col de Bussang*, le *col du Bonhomme*, le *col de Sainte-Marie-aux-Mines*, le *col de Saverne*, le *col de Bitche*.

Du ballon d'Alsace se détache une chaîne qui prend les noms de *monts Faucilles*, *plateau de Langres* et *Côte d'Or*, et qui a pour contre-forts l'Argonne orientale et l'Argonne occidentale. Cette dernière, continuée par les *Ardennes occidentales*, envoie une de ses chaînes en Belgique et une autre dans la direction nord-ouest, sous le nom de *collines de l'Artois*. Enfin les *collines de Picardie* et celles du *pays de Caux* appartiennent au même système.

Un autre contre-fort part de la Côte d'Or, comprenant les *monts du Morvan*, les *collines du Nivernais*, les *collines* et le *plateau d'Orléans*, les *collines du Perche*, les *collines de Normandie*, les *monts du Cotentin*, les *collines du Maine*, les *monts de Bretagne*.

Les *Cévennes*. Cette chaîne centrale se rattache à celle des Vosges par les *monts du Charolais*, qui sont une continuation de la Côte d'Or, et qui se continuent par les *monts du Lyonnais, du Vivarais* et par le *mont Lozère*, qui donne son nom au département. Nous entrons ensuite dans les Cévennes méridionales, qui comprennent : les *monts du Gévaudan*, les *monts Garrigues*, les *monts de l'Orb*, les *monts de l'Espinous*, les *montagnes Noires*.

Cette chaîne, qui sépare le bassin du Rhône des bassins de la Loire et de la Garonne, a pour contreforts les *monts du Velay, du Forez* et *de la Madeleine*, qui courent entre la Loire et l'Allier ; un autre contrefort, séparant le bassin de la Loire de ceux de la Garonne et de la Charente, est formé par les *monts de la Margeride*, les *monts d'Auvergne* jusqu'au *plateau de Millevaches*, les *monts du Limousin*, ceux du *Poitou*, et le *plateau de Gatine*.

Du *Plomb du Cantal* partent les *monts du Quercy*, et du *mont Dore*, les montagnes d'Auvergne, entre l'Allier et l'un de ses affluents, projettent la chaîne des *Dores*, qui culmine au Puy-de-Dôme. Enfin, de nouveaux contre-forts sont formés par les *monts du Rouergue*, partant du mont Lozère, et par les *collines du Gard* et celles de l'*Hérault*.

Les *Pyrénées*. La chaîne des Pyrénées françaises s'étend de l'est à l'ouest, entre la France et l'Espagne, depuis la pointe du cap *Creus,* sur la Méditerranée, jusque vers la source de la Bidassoa.

Les Pyrénées offrent des pics coniques moins élancés que les cimes des Alpes : elles ne projettent pas chez nous autant de branches considérables que ces dernières montagnes. Les ramifications que l'on cite sont les *montagnes du Bigorre*, continuées par les *collines de l'Armagnac*, entre les bassins de l'Adour et de la Garonne ; puis celles des *monts Corbières*, dont une partie va se réunir aux montagnes Noires et par suite aux Cévennes.

Les sommets les plus élevés des Pyrénées sont du côté de l'Espagne, où le *mont Maudit* a 3,480 mètres. Du côté de la France, le point culminant est le *Cylindre*, de 3,360 mètres.

Les cols ou passages des Pyrénées prennent généralement le nom de *ports*. Les principaux sont : le *col de Bellegarde*, route de Perpignan à Barcelone, le *col de Puymorcu*, le *port de Saldeou*, chemin d'Ax à Urgel par le val d'Andorre, le *port de Venasque*, le *port d'Ibagnetta*, route de Saint-Jean-Pied-de-Port à Pampelune, le *col de Canfranc*, le *port de Cauterets*, de Lourdes à Jacca, le *port de Gavarnie*, la *brèche de Roland*, le *col de Gorilly*.

Pour terminer l'orographie générale de la France, ajoutons que la Corse est traversée du nord au sud par une chaîne de hautes montagnes dont les points principaux, le *monte Rotondo*, le *monte Grosso* et le *monte d'Oro*, atteignent la hauteur de 2,700 mètres.

DIX-NEUVIÈME SÉANCE.

Frontières de terre et frontières maritimes.

FRONTIÈRES DU NORD. — La France n'a, du côté du nord, aucune frontière naturelle, et les traités de 1815, qui les ont arbitrairement déterminées, font assez voir combien les alliés tenaient à la laisser vulnérable : elle l'est devenue bien davantage encore, du côté de l'est, depuis la guerre de 1870-1871.

Trois grandes routes peuvent conduire l'ennemi sur Paris ; ce sont les vallées de l'Oise, de la Marne et de la Seine. La deuxième n'a pas son origine sur la frontière, mais on arrive sur la Marne par l'ouverture entre Meuse et Moselle, de même que l'on arrive sur la vallée de la Seine par Bâle et Belfort.

La frontière du nord comporte quatre sections :

1° Entre la mer du Nord et l'Escaut. Cette section est défendue sur la mer par Dunkerque, Gravelines et Calais ; sur l'Escaut, par Condé, Valenciennes, Bouchain, Cambrai ; entre la mer et l'Escaut, par Saint-Omer, Aire, Lille, Arras et Douai. Cette première ligne de défense est la section la mieux protégée.

2° Entre l'Escaut et la Meuse, section défendue sur l'Escaut par Cambrai, Bouchain, Valenciennes, Condé ; sur la Meuse, par Sedan, Mézières, Charlemont, Givet ; entre l'Escaut et la Meuse, par Landrecies, Maubeuge, le Quesnoi. Toute cette partie ne présente aucun obstacle naturel, et n'aurait de valeur que si nous possédions Mons, Philippeville et Marienbourg, qui nous ont été enlevés. C'est d'ailleurs la route que les alliés ont prise en 1814 pour envahir la France. Guise, la Fère, Laon et Soissons ont été fortifiés pour remédier à la faiblesse de cette section.

3° Entre la Meuse et la Moselle. Cette partie, défendue par Verdun, Sedan, Mézières, Charlemont, Givet, Toul, et qui était déjà défectueuse quand nous possédions Metz et Thionville, exigerait de grands travaux pour présenter de la résistance. C'est par là qu'est venue la coalition de 1792 ; mais Dumouriez sut profiter des Argonnes, dont il fit les Thermopyles de la France.

Pour compléter son système de défense, Vauban avait proposé de fortifier Paris : son idée ne fut réalisée qu'en 1841, sous le règne de Louis-Philippe.

Frontières de l'est. — Elles se divisent en deux parties principales : la frontière du Jura ; la frontière des Alpes.

Le *Jura,* qui commence la frontière à partir de la Suisse, est traversé par deux routes principales : 1° celle du col de Valdieu ; 2° celle du col des Rousses. La première conduit de Bâle à Langres par Vesoul, ou de Bâle à Dijon par Besançon. Cette route est défendue par Belfort, ville très-forte, qui possède un camp retranché pouvant contenir 50,000 hommes ; par Montbéliard et par Besançon. La deuxième route conduit de Genève à Besançon et est défendue par le fort des Rousses et Salins. La route de Besançon à Neuchâtel par Pontarlier est défendue par le fort de Joux.

Le Jura est une barrière qui ne tire sa force que de la neutralité de la Suisse, car elle peut être tournée au nord par le col de Valdieu, et au sud par Genève. Cependant l'annexion de la Savoie nous permet de prendre le Jura à revers, de surveiller et de protéger la neutralité de la Suisse.

Les *Alpes*, en tant que frontières, peuvent être divisées en trois sections :

1° *Section de l'Isère*, parfaitement défendue par les Alpes, qui ne peuvent être traversées qu'au mont Cenis ; encore ce passage nous appartient-il complétement depuis l'acquisition des forts *Lesseillon* et *Victor-Emmanuel*. Cette route est encore défendue par le fort *Barraux* et par Grenoble.

2° *Section de la Durance* ; 3° *Section des Alpes maritimes*. — Dans la section de la *Durance* se trouvent les routes du mont Genèvre et du *col d'Abriès*, défendues par Briançon, Mont-Dauphin, Embrun ; dans la section des *Alpes maritimes* se trouvent la route du *col de l'Argentière*, défendue par Barcelonnette et le fort Saint-Vincent ; celles du *col de Tende* et de la *Corniche*, défendues par le Var, le fort d'*Entrevaux* et par Nice.

Le point objectif de toute cette frontière est Lyon, ville très-forte, qui remédierait au besoin à la violation de la neutralité de la Suisse, en ce qu'elle permettrait de prendre à revers une invasion faite par la trouée de Belfort. En résumé, cette frontière est excellente et ne peut être tournée que par le col de *Cadibone* et par la route du *Simplon* qui mène de Milan à Genève. L'expérience a démontré que toutes les invasions tentées par le col de Cadibone ont échoué (1524, 1536, 1692, 1707, 1746, 1800).

FRONTIÈRE DES PYRÉNÉES. — Elle est divisée en trois sections : 1° *Pyrénées orientales* ; 2° *Pyrénées centrales* ; 3° *Pyrénées occidentales*. Les Pyrénées centrales étant absolument impraticables, nous ne nous occuperons que de la 1re et de la 3e section.

La section des *Pyrénées orientales* est défendue par deux rivières : le *Tech*, la *Tet*, et leurs places fortes, qui sont *Pratz-de-Mollo*, *Fort-les-Bains*, *Montlouis*, *Villefranche*, *Perpignan*, *Collioure*, *fort Saint-Elme*, *Port-Vendres* et *Bellegarde*, dans la montagne. Les quatres routes qui mènent d'Espagne en France par cette section sont presque également difficiles et très-bien défendues. Cette frontière est donc excellente.

La section des *Pyrénées occidentales* est défendue par les cours presque parallèles de la *Bidassoa*, de la *Nivelle*, de la *Nive*, de l'*Adour*, et par diverses places fortes, telles que *Saint-Jean-Pied-de-Port*, *Navarreins*, *Lourdes*, *Dax*, *Bayonne*. Dax est une place très-faible qui ne garantit Bordeaux qu'à la faveur du désert des *Landes*. A l'ouverture du col de *Canfranc* se trouve le fort *Portalet;* le côté de la mer est défendu par Bayonne et le fort de *Socoa,* à l'embouchure de la Nivelle.

Cette frontière, qu'a suivie Wellington en 1814, offre d'autant plus de facilités d'invasion, que l'Espagne possède les deux revers de la chaîne. Les routes y sont nombreuses : les deux principales, après celle qui longe la mer, mènent de Pampelune à Bayonne, et de Roncevaux à Saint-Jean-Pied-de-Port.

L'objectif de cette frontière est Toulouse, ville bien défendue par la Garonne et le canal.

FRONTIÈRES MARITIMES.

Côtes du versant de la mer du Nord. — Elles se dirigent du nord-ouest au sud-ouest, depuis la frontière de Belgique jusqu'au cap *Griz-Nez,* le point le plus rapproché des côtes d'Angleterre. Les ports de cette côte, qui offre beaucoup de dunes mouvantes, sont : *Dunkerque,* port militaire et port de commerce, *Mardick, Gravelines* et *Calais.* Chacune de ces places est en bon état de défense et protégée par des forts.

Côtes du versant de la Manche. — Elles présentent un développement de 800 kilomètres, depuis le cap *Griz-Nez* jusqu'à la pointe Saint-Matthieu, et comprennent une partie du département du Pas-de-Calais, les départements de la Somme, de la Seine-Inférieure, de l'Eure, du Calvados, de la Manche, d'Ille-et-Vilaine, des Côtes-du-Nord, et une partie du département du Finistère.

De l'embouchure de la Somme au cap Gris-Nez, la côte est basse, sablonneuse et bordée de dunes. Aussi, les ports ensablés, peu profonds, complétement à sec à marée basse, n'ont-ils d'importance que par leur situation sur le Pas-de-Calais et leur proximité des côtes anglaises. Ces ports sont : Boulogne, Étaples, et quelques autres où Napoléon, de 1803 à 1804, avait rassemblé la flottille qui devait transporter en Angleterre la grande armée du camp de Boulogne.

Entre l'embouchure de la Somme et celle de la Seine, la côte ne présente que des falaises escarpées. Les ports sont : *Saint-Valery*, où Guillaume de Normandie s'embarqua pour aller conquérir l'Angleterre en 1066; *le Tréport, Dieppe,* patrie de Duquesne; *Fécamp* et *le Havre,* fondé en 1535 par François Ier.

Après l'embouchure de la Seine, la côte présente un vaste enfoncement qu'on appelle *golfe du Calvados.* Elle est bordée, entre l'*Orne* et la *Vire,* d'une chaîne de rochers appelés *rochers du Calvados.* Les ports n'ont aucune importance commerciale : *Quillebeuf, Honfleur, Trouville, Dives.* L'usage qui s'est introduit dans une partie de la société parisienne d'aller y prendre les bains de mer, a donné dans ces derniers temps une sorte de célébrité aux deux ports de Trouville et de Dives.

A l'embouchure d'une petite rivière nommée *la*

Douve, la côte se relève et forme une presqu'île (le département de la Manche) ; on remarque, sur la côte, le fort et la rade de la Hougue, en face de l'île et du fort Saint-Marcouf ; Saint-Waast ; *Barfleur,* sur la pointe de ce nom ; *Cherbourg,* dont la rade est fermée par une digue gigantesque commandée par le *fort National* et le fort de *Querqueville.* Les admirables travaux de ce port n'ont été achevés que sous le règne de Napoléon III.

Après le cap de la *Hague,* situé à l'extrémité ouest de la presqu'île, la côte descend en ligne droite dans le golfe de Saint-Malo, qui forme les baies du *Mont-Saint-Michel,* de *Cancale* et de *Saint-Brieuc.* Au fond de la baie du Mont-Saint-Michel, on trouve le château fort du même nom sur un rocher en pleine mer ; *Cancale,* renommée pour ses huîtres ; l'île et le fort des *Rimains.* Entre Cancale et le cap *Fréhel : Fort Duguesclin* et *Saint-Malo,* patrie de Jacques Cartier, de Duguay-Trouin, de Chateaubriand, Broussais, Lamennais ; *Saint-Servan,* petit port militaire ; *Saint-Cast,* où les Anglais furent battus en 1758. Au fond de la baie qui porte son nom, *Saint-Brieuc,* puis *Binic, Paimpol ;* et plus loin, en suivant les sinuosités de la côte, *Morlaix,* protégée par le château du *Taureau,* fort construit en pleine mer sur une roche. Citons encore *Saint-Pol-de-Léon, Roscoff,* le fort *Cézon,* et enfin le *Conquet,* petit port au-dessus de la pointe Saint-Matthieu.

Côtes du versant de l'Atlantique ou du golfe de Gascogne. — Depuis la pointe Saint-Matthieu jusqu'à la pointe du Figuier (frontière d'Espagne), ces côtes présentent un développement d'environ 1,000 kilomètres, comprenant la partie méridionale du département du Finistère, les départements du Morbihan, de la Loire-Inférieure, de la Vendée, de la Charente-Inférieure, de la Gironde, des Landes et des Basses-Pyrénées.

Ces côtes, irrégulières, extrêmement découpées, présentent plusieurs presqu'îles : la première s'avance dans la baie qui forme la rade de *Brest,* sur laquelle est située cette ville, port militaire de première importance ; la seconde presqu'île est composée de trois petites ; la troisième, celle de *Douarnenez,* se termine à la pointe du *Raz ;* enfin une quatrième finit à la pointe de *Penmark.*

En longeant la côte, qui est creusée de grand nombre de baies, l'anse de *Renaudet,* la baie de *Concarneau,* on trouve *Lorient,* chef-lieu de préfecture maritime et port de guerre de premier ordre ; *Port-Louis ;* la presqu'île de *Quiberon,* défendue par le fort *Penthièvre ; Carnac,* et le golfe de *Morbihan.*

A l'embouchure de la Loire se trouvent le fort de la *Ville-Martin* et *Saint-Nazaire,* à droite ; et à gauche le fort *Minden* et *Paimbeuf.* Le littoral devient alors bas et est couvert de marais. On y remarque la baie de *Bourgneuf* avec *Pornic ;* l'île de *Noirmoutiers,* séparée du littoral par le goulet de *Fromentine ;*

les *Sables d'Olonne*; *La Rochelle*, port de mer et place forte; *Rochefort*, port militaire et préfecture maritime, et *Brouage*.

L'embouchure de la Gironde est défendue à droite par le fort *Royan* et *Blaye*; à gauche par la *redoute de la pointe de Grave* et le fort *Médoc*; au centre, par le fort *Pâté*.

De la pointe de Grave à la pointe du Figuier, on trouve les étangs de *Carcans* et de *la Canau*; le bassin d'*Arcachon*, les étangs de *Sanguinet*, de *Parentis*. A l'embouchure de l'Adour se trouvent *Bayonne* et *Saint-Esprit, Saint-Jean-de-Luz* et le fort *Socoa*, à l'embouchure de la Nivelle, et *Andaye*, à l'embouchure de la Bidassoa.

Côtes du versant de la Méditerranée. — Elles présentent un développement de 630 kilomètres depuis la pointe *Cerbera* jusqu'à l'embouchure de la Roya, et touchent aux départements des Pyrénées-Orientales, de l'Aude, de l'Hérault, du Gard, des Bouches-du-Rhône, du Var et des Alpes-Maritimes.

Après la pointe Cerbera, nous rencontrons le cap *Béarn*, puis *Port-Vendres* et *Collioure*. Port-Vendres et Collioure sont deux ports défendus par le fort Saint-Elme.

La côte jusqu'au delà du Rhône est basse, marécageuse et offre une quantité d'étangs. Les ports de cette partie du littoral sont *Agde*, défendu par le fort *Brescou*; *Cette*, le meilleur port du golfe du Lion et qui commande l'entrée du canal du Languedoc, est défendu par le fort Saint-Louis ; *Aigues-Mortes,* point de jonction de quatre canaux, autrefois port de mer où saint Louis s'embarqua pour ses croisades, aujourd'hui à 2 kilomètres de la mer, par suite des atterrissements du Rhône.

Du Rhône à la Roya, la côte se relève et forme de nombreuses baies. Dans le delta du Rhône, on remarque *la Camargue,* île triangulaire. Plus loin, au fond d'une rade, s'élève *Marseille*, port de commerce d'une haute importance, défendu par des forts, par le *château d'If,* et par des batteries construites sur des îles voisines. On rencontre ensuite *Cassis; la Ciotat,* sur un petit golfe du même nom ; *Toulon,* port militaire de première classe, un des meilleurs de l'Europe.

La presqu'île de *Gien* et les îles d'*Hyères* forment la rade d'Hyères. Viennent ensuite *Saint-Tropez, Fréjus, Cannes;* puis, en regard, les *îles de Lérins,* à l'entrée du golfe Jouan; *Antibes,* place forte et position militaire très-importante; *Nice,* qui est défendu par un fort et une enceinte bastionnée; *Villefranche,* port fortifié.

VINGTIÈME SÉANCE.

Divisions administratives et militaires de la France.

L'organisation administrative actuelle date en grande partie de la Constituante. Son caractère dominant est la centralisation. Les départements, dont nous donnerons la nomenclature dans la prochaine séance, sont subdivisés en arrondissements, cantons et communes.

Le département est administré par un *préfet,* assisté d'un *conseil de préfecture,* qui est chargé du contentieux administratif. Un *conseil général* électif se réunit chaque année au chef-lieu du département pour répartir l'impôt entre les arrondissements et émettre des vœux sur les besoins du pays.

A la tête de l'arrondissement est un *sous-préfet,* assisté d'un *conseil d'arrondissement* électif, qui a des attributions analogues à celles du conseil général.

La commune est administrée par un *maire,* secondé par un ou plusieurs adjoints et par un *conseil municipal* électif.

ORGANISATION JUDICIAIRE.

Chaque canton a un juge de paix; chaque arrondissement, un tribunal civil de première instance; chaque département, un tribunal criminel ou cour d'assises, laquelle est assistée d'un jury. Au-dessus de ces trois degrés de juridiction sont établies 28 cours d'appel; enfin, une cour de cassation siége à Paris pour maintenir l'unité de jurisprudence.

Les villes où siégent les cours d'appel sont indiquées ci-après :

Agen.	Chambéry.	Orléans.
Aix.	Dijon.	Paris.
Amiens.	Douai.	Pau.
Angers.	Grenoble.	Poitiers.
Bastia.	Limoges.	Rennes.
Besançon.	Lyon.	Riom.
Bordeaux.	Montpellier.	Rouen.
Bourges.	Nancy.	Toulouse.
Caen.	Nîmes.	

Il y a en outre des cours d'appel à Alger, au fort de France (Martinique), à la Basse-Terre (Guadeloupe), à Saint-Louis (Sénégal), à Saint-Denis (Réunion), à Pondichéry (Hindoustan), à Saïgon (Cochinchine).

ORGANISATION FINANCIÈRE.

Les recettes de l'État s'obtiennent au moyen des impôts, du produit de la douane, de la fabrication des tabacs et des allumettes chimiques et des revenus des domaines et des forêts.

Il y a deux sortes d'impôts : les contributions directes et les contributions indirectes.

Les *contributions directes* sont : l'impôt foncier, la cote personnelle et la taxe mobilière, la contribution des portes et fenêtres et celle des patentes.

Les *contributions indirectes* proviennent des droits sur les boissons, sur le sel, sur le sucre, sur le café, sur les voitures publiques, sur la fabrication des cartes à jouer, etc.

Pour la perception de l'impôt direct, il y a dans chaque canton un percepteur; dans l'arrondissement, un receveur particulier; dans le département, un trésorier-payeur général. Au-dessus d'eux, une cour des comptes, siégeant à Paris, est chargée de la vérification de la comptabilité de l'État.

Pour les contributions indirectes, il y a au chef-lieu du département un directeur, et au chef-lieu d'arrondissement un inspecteur et un receveur principal. Au-dessous d'eux sont les receveurs sédentaires pour les villes, et ambulants pour les campagnes.

DIVISIONS ECCLÉSIASTIQUES.

La liberté des cultes est reconnue par la Constitution; néanmoins, on distingue les cultes reconnus, dont les ministres sont rétribués par le budget, et les cultes non reconnus.

La religion catholique est professée par l'immense majorité des Français. On compte environ 1,500,000 protestants et 70,000 israélites.

L'Église catholique est divisée en 84 diocèses, dont 17 archevêchés et 67 évêchés.

L'Église protestante se partage en deux communions: les calvinistes et les luthériens (confession d'Augsbourg). Les premiers ont un conseil central à Paris et les seconds ont un consistoire supérieur. Les israélites ont également un consistoire central.

Les villes archiépiscopales sont les suivantes :

Aix.	Bourges.	Rennes.
Albi.	Cambrai.	Rouen.
Auch.	Chambéry.	Sens.
Avignon.	Lyon.	Toulouse.
Besançon.	Paris.	Tours.
Bordeaux.	Reims.	

Les évêchés d'Ajaccio et d'Alger sont suffragants de l'archevêché d'Aix ; ceux de Saint-Denis (île de la Réunion), de la Basse-Terre (Guadeloupe) et de Saint-Pierre (Martinique), sont suffragants de l'archevêché de Bordeaux.

ORGANISATION DE L'INSTRUCTION PUBLIQUE.

L'instruction publique est divisée en trois branches : *l'enseignement supérieur*, comprenant les facultés de théologie, de droit, de médecine, de sciences et de lettres ; *l'enseignement secondaire*, comprenant les écoles secondaires de médecine et de pharmacie, les lycées et les colléges ; et *l'enseignement primaire*, qui comprend les écoles primaires et les salles d'asile.

Les divisions académiques sont au nombre de 16 ; chaque académie est administrée par un recteur, assisté d'un conseil académique.

Les chefs-lieux d'académie sont :

Aix.	Dijon.	Nancy.
Besançon.	Douai.	Paris.
Bordeaux.	Grenoble.	Poitiers.
Caen.	Lyon.	Rennes.
Chambéry.	Montpellier.	Toulouse.
Clermont.		

Pour compléter le tableau de l'organisation de l'instruction publique, il faut encore ajouter :

1° Le Collége de France, l'Observatoire, le Bureau des longitudes, le Muséum d'histoire naturelle, l'École des chartes, le Conservatoire des arts et métiers, etc.

2° L'Institut de France, divisé en cinq classes : Académie française, des inscriptions et belles-lettres, des sciences, des beaux-arts, des sciences morales et politiques.

3° Les différentes écoles du Gouvernement : l'École normale supérieure, l'École polytechnique, l'École d'application de l'artillerie et du génie à Fontainebleau, l'École de santé militaire du Val-de-Gràce, l'École des mines, l'École des ponts et chaussées, l'École spéciale militaire de Saint-Cyr, l'École d'application d'état-major, l'École de cavalerie de Saumur, l'École navale de Brest, l'École forestière de Nancy, l'École centrale, l'École vétérinaire d'Alfort, l'Institut des sourds-muets, l'Institut des aveugles, le Conservatoire de musique, l'École des beaux-arts, les écoles françaises de Rome et d'Athènes.

4° Nous ne devons pas oublier de mentionner dans ce *Cours* l'école normale de tir et l'école normale de gymnastique du camp de Châlons, le Prytanée militaire de la Flèche, affecté à l'instruction gratuite ou demi-gratuite des fils d'officiers, la maison de la Légion d'honneur, où sont élevées et instruites les filles des officiers, depuis le grade de capitaine, décorés de la Légion d'honneur (il y a deux succursales à Écouen et aux Loges, près de Saint-Germain, pour les filles des officiers inférieurs et des sous-officiers); enfin les écoles régimentaires dans les corps de troupe.

DIVISIONS MILITAIRES.

Sous le rapport militaire, la France est divisée en 19 corps d'armée ou commandements militaires, y compris l'Algérie, dont les quartiers généraux sont à Lille, Amiens, Rouen, Le Mans, Orléans, Châlons-sur-Marne, Besançon, Bourges, Tours, Rennes, Nantes, Limoges, Clermont-Ferrand, Lyon, Marseille, Montpellier, Toulouse, Bordeaux et Alger.

Paris et Lyon sont les siéges de gouvernements militaires indépendants de l'organisation des corps d'armée.

DIVISIONS MARITIMES.

Le littoral de la France est divisé en 5 préfectures ou arrondissements, subdivisés en 12 sous-arrondissements et en 82 inscriptions ou quartiers.

Chaque arrondissement maritime est administré par un officier général de la marine, dit préfet maritime; chaque sous-arrondissement par un commissaire; chaque quartier par un sous-commissaire. Les préfectures maritimes sont au nombre de 5, savoir:

1° Cherbourg, comprenant la côte de Dunkerque à Granville inclusivement;

2° Brest, de Granville à Quimper ;

3° Lorient, de Quimper à Nantes ;

4° Rochefort, de Nantes à Bayonne ;

5° Toulon, tout le littoral français de la Méditerranée, y compris la Corse et l'Algérie.

VINGT-UNIÈME SÉANCE.

Division de la France en départements. — Colonies.

Avant 1789 (1), la France était divisée en 36 provinces principales. La véritable division politique consistait cependant en 31 gouvernements, car six de ces provinces ne formaient que trois gouvernements, et deux, le comtat Venaissin et la Corse, n'étaient pas comptées dans cette division.

L'inégalité d'étendue ne constituait pas la seule différence qui existât entre les anciennes circonscriptions administratives de la France. Sans parler de la diversité des mœurs et des traditions locales, dont la persistance entretenait l'esprit de province au détriment de l'esprit national, elles différaient encore par leur régime intérieur et par leurs rapports avec le gouvernement central.

L'Assemblée constituante, qui venait de détruire le régime du privilége en abolissant la distinction des

(1) Notre carte étant à petite échelle, nous avons supposé, *pour le coloris,* que chaque province comprenait exactement un certain nombre de départements.

ordres et en proclamant l'égalité politique et civile de tous les Français, voulut aussi établir, dans l'administration, un ordre de choses plus uniforme et plus régulier. Elle supprima les anciennes divisions et les remplaça par des circonscriptions nouvelles, dont les noms, empruntés aux accidents géographiques, ne rappelaient aucun souvenir de l'ancien régime.

Elle partagea la France en 83 départements, subdivisés en districts, en cantons ou en communes (décret du 15 janvier 1790). La Corse était comprise dans ce nombre, qui fut porté à 89 :

1° Par l'adjonction du département de Vaucluse, formé du comtat Venaissin, par décret du 23 septembre 1791 ;

2° Par le dédoublement du département de Rhône-et-Loire après le siége de Lyon (1793) ;

3° Par la création du département de Tarn-et-Garonne, formé, en 1808, de portions des départements voisins ;

4° Par l'annexion du duché de Savoie et du comté de Nice, dont on a formé les trois départements de la Savoie, de la Haute-Savoie et des Alpes-Maritimes (1860).

Voici la nomenclature des 89 départements, telle qu'elle existait avant que la guerre de 1870-1871 ne nous eût enlevé presque toute l'Alsace et une grande partie de la Lorraine.

Les anciennes provinces du nord, la *Flandre*, l'*Artois*, la *Picardie*, la *Normandie*, l'*Ile-de-France* et la *Champagne*, ont formé 17 départements, savoir :

	DÉPARTEMENTS.	CHEFS-LIEUX.	SOUS-PRÉFECTURES.	LIEUX A CITER.
*1	Nord	Lille	Avesnes, Cambrai, Dunkerque, Douai, Valenciennes, Hazebrouck.	Bouvines, Denain.
2	Pas-de-Calais . . .	Arras	Boulogne, Saint-Omer, Béthune, Montreuil, Saint-Pol.	Azincourt.
3	Somme	Amiens	Abbeville, Doullens, Montdidier, Péronne.	Crécy.
4	Seine-Inférieure. .	Rouen.	Le Havre, Dieppe, Yvetot. Neufchâtel.	Elbeuf.
5	Eure	Evreux	Louviers, les Andelys, Bernay, Pont-Audemer.	Ivry.
6	Calvados.	Caen	Bayeux, Falaise, Lisieux, Pont-l'Evêque, Vire.	
7	Manche	Saint-Lô	Coutances, Cherbourg, Avranches, Mortain, Valogne.	La Hogue.
8	Orne	Alençon	Argentan, Domfront, Mortagne.	Séez (évêché).
9	Seine	Paris	Saint-Denis, Sceaux.	Neuilly.
10	Seine-et-Oise. . .	Versailles	Pontoise, Rambouillet, Étampes, Corbeil, Mantes.	Sèvres, Saint-Germain-en-Laye, Saint-Cloud.
11	Aisne	Laon	Soissons, Château-Thierry, Saint-Quentin, Vervins.	Guise.
12	Oise.	Beauvais.	Clermont, Senlis, Compiègne.	Chantilly.

*Ces numéros, reproduits dans la carte *en caractères arabes*, servent à déterminer l'emplacement de chaque département. Les anciennes provinces sont marquées en *chiffres romains*, se rapportant au tableau en cartouche, et celles acquises après 1789 par les *lettres A, B, C, D.*

	DÉPARTEMENTS.	CHEFS-LIEUX.	SOUS-PRÉFECTURES.	LIEUX A CITER.
13	Seine-et-Marne . .	Melun	Meaux, Fontainebleau, Provins, Coulommiers.	Juilly.
14	Ardennes.	Mézières	Rocroy, Sedan, Réthel, Vouziers.	Attigny.
15	Aube	Troyes.	Arcis-sur-Aube, Bar-sur-Aube, Nogent-sur-Seine, Bar-sur-Seine.	Brienne.
16	Marne.	Châlons-sur-Marne .	Reims, Épernay, Sainte-Menehould, Vitry-le-Français.	Champaubert, la Fère-Champenoise, Montmirail, Valmy, Aï.
17	Haute-Marne . . .	Chaumont	Langres, Vassy.	Bourbonne-les-Bains.

Les anciennes provinces de l'est, la *Lorraine*, l'*Alsace*, la *Franche-Comté*, la *Bourgogne*, le *Lyonnais*, le *Dauphiné*, la *Savoie*, ont formé 20 départements, savoir :

	DÉPARTEMENTS.	CHEFS-LIEUX.	SOUS-PRÉFECTURES.	LIEUX A CITER.
18	Meurthe*.	Nancy.	Lunéville, Toul, Sarrebourg, Château-Salins.	Marsal.
19	Meuse.	Bar-le-Duc	Verdun, Commercy, Montmédy.	Ligny.
20	Moselle**.	Metz	Thionville, Sarreguemines, Briey.	Longwy.
21	Vosges.	Épinal.	Mirecourt, Saint-Dié, Neufchâteau, Remiremont.	Domremy, Plombières.
22	Haut-Rhin*** . . .	Colmar.	Belfort, Mulhouse.	Altkirch, Sainte-Marie-aux-Mines.
23	Bas-Rhin**** . . .	Strasbourg	Schlestadt, Wissembourg, Saverne.	Klingenthal.
24	Doubs.	Besançon.	Pontarlier, Baume, Montbéliard.	
25	Jura.	Lons-le-Saulnier. .	Poligny, Saint-Claude, Dôle.	Arbois.

26	Haute-Saône . . .	Vesoul.	Gray, Lure.	Luxeuil.
27	Côte-d'Or	Dijon	Beaune, Châtillon-sur-Seine, Semur.	Cîteaux, Montbard.
28	Yonne.	Auxerre	Sens, Avallon, Joigny, Tonnerre.	Vézelais, Chablis.
29	Saône-et-Loire . .	Mâcon	Autun, Charolles, Châlon-sur-Saône, Louhans.	Cluny, le Creusot.
30	Ain	Bourg	Belley, Nantua, Gex, Trévoux.	Ferney.
31	Rhône.	Lyon	Villefranche.	Tarare, Gisors.
32	Loire	Saint-Étienne . . .	Montbrison, Roanne.	Rive-de-Gier.
33	Drôme.	Valence	Die, Montélimart, Nyons.	Romans, l'Hermitage.
34	Isère	Grenoble.	Vienne, la Tour-du-Pin, Saint-Marcellin.	Grande-Chartreuse.
35	Hautes-Alpes . . .	Gap.	Briançon, Embrun.	
36	Savoie.	Chambéry	Moutiers, Saint-Jean-de-Maurienne, Albertville.	
37	Haute-Savoie . . .	Annecy	Saint-Julien, Bonneville, Thonon.	

Les anciennes provinces du sud, la *Provence*, le *comté de Nice*, le *Languedoc*, le *Roussillon*, le *comté de Foix*, la *Guyenne* et le *Béarn* ont formé 24 départements, savoir :

38	Basses-Alpes . . .	Digne	Forcalquier, Barcelonnette, Castellane, Sisteron.	
39	Var	Draguignan . . .	Toulon, Brignoles.	Fréjus, Cannes, Hyères.
40	Bouches-du-Rhône .	Marseille	Aix, Arles.	Tarascon.

* Aujourd'hui Meurthe-et-Moselle, avec la sous-préfecture de Briey qui appartenait au département de la Moselle et qui nous a été laissée.
** A cessé de nous appartenir, sauf Briey réuni au département de Meurthe-et-Moselle.
*** De ce département, nous ne possédons plus que Belfort, qui forme un arrondissement à part.
**** Ne nous appartient plus.

	DÉPARTEMENTS.	CHEFS-LIEUX.	SOUS-PRÉFECTURES.	LIEUX A CITER.
41	Alpes-Maritimes	Nice	Puget-Théniers, Grasse.	Antibes, Monaco.
42	Haute-Loire.	Le Puy	Yssingeaux, Brioude.	
43	Ardèche	Privas.	Largentière, Tournon.	Viviers (évêché).
44	Lozère.	Mende.	Marvejols, Florac.	
45	Gard	Nîmes.	Alais, le Vigan, Uzès.	Beaucaire, Aigues-Mortes.
46	Hérault	Montpellier.	Béziers, Lodève, Saint-Pons.	Cette, Lunel, Frontignan.
47	Aude	Carcassonne	Castelnaudary. Limoux, Narbonne.	
48	Tarn	Albi.	Castres, Lavaur, Gaillac.	Carmaux.
49	Haute-Garonne	Toulouse.	Saint-Gaudens. Muret, Villefranche.	Bagnères-de-Luchon.
50	Tarn-et-Garonne.	Montauban	Moissac, Castelsarrasin.	
51	Pyrénées-Orientales.	Perpignan	Céret, Prades.	Port-Vendres, Collioure.
52	Ariége.	Foix	Pamiers, Saint-Girons.	
53	Gironde	Bordeaux.	Blaye, Libourne, Bazas, la Réole, Lesparre.	Médoc, Grave, Laffite, Sauterne.
54	Landes	Mont-de-Marsan	Dax, Saint-Sever.	Aire (évêché).
55	Lot-et-Garonne	Agen	Nérac, Villeneuve-d'Agen, Marmande.	Tonneins.
56	Dordogne	Périgueux	Nontron, Ribérac, Sarlat, Bergerac.	
57	Lot.	Cahors.	Gourdon, Figeac.	
58	Aveyron	Rodez.	Espalion, Saint-Affrique, Milhau, Villefranche.	Roquefort.
59	Gers	Auch	Lectoure, Condom, Mirande, Lombez.	Eauze.
60	Hautes-Pyrénées.	Tarbes.	Bagnères-de-Bigorre, Argelès.	Eaux-Bonnes, Baréges, Cauterets.

61	Basses-Pyrénées.	Pau.	Bayonne, Oléron, Orthez, Mauléon.	Saint-Jean-Pied-de-Port, Jurançon.

Les anciennes provinces de l'ouest, l'*Angoumois*, la *Saintonge*, le *Poitou*, la *Bretagne*, le *Maine* et l'*Anjou*, ont formé 13 départements, savoir :

62	Charente.	Angoulême.	Barbezieux, Cognac, Confolens, Ruffec.	Jarnac.
63	Charente-Inférieure.	La Rochelle.	Rochefort, Saintes, Marennes, Jonzac, Saint-Jean-d'Angely.	Iles de Ré et d'Oléron.
64	Vienne.	Poitiers	Châtellerault, Loudun, Montmorillon, Civray.	Moussay, Vouillé, Maupertuis.
65	Deux-Sèvres	Niort	Parthenay, Melle, Bressuire.	
66	Vendée	La Roche-sur-Yon	Les Sables-d'Olonne, Luçon.	Iles de Noirmoutiers et ile d'Yeu.
67	Loire-Inférieure.	Nantes.	Paimbeuf, Chateaubriand, Ancenis, Savenay.	Indret, Clisson, Saint-Nazaire.
68	Ille-et-Vilaine.	Rennes	Saint-Malo, Fougères, Montfort, Redon, Vitré.	Saint-Servan, îlot du Grand-Bey, Cancale.
69	Morbihan.	Vannes	Lorient, Ploërmel, Pontivy.	Quiberon, Carnac, îles de Groix et de Belle-Isle.
70	Côtes-du-Nord.	Saint-Brieuc	Loudéac, Guingamp, Dinan, Lannion.	Ile Bréhat.
71	Finistère.	Quimper.	Brest, Châteaulin, Quimperlé, Morlaix.	Ile d'Ouessant.
72	Sarthe.	Le Mans	La Flèche, Mamers, Saint-Calais.	
73	Mayenne.	Laval	Mayenne, Château-Gonthier.	Craon.
74	Maine-et-Loire.	Angers.	Saumur, Cholet, Baugé, Segré.	Beaupréau, Saint-Florent.

Les anciennes provinces du centre, l'*Orléanais*, la *Touraine*, le *Berri*, le *Nivernais*, le *Bourbonnais*, la *Marche*, le *Limousin*, l'*Auvergne*, le *comtat Venaissin*, et ajoutons-y l'*île de Corse*, ont formé 15 départements, savoir :

	DÉPARTEMENTS.	CHEFS-LIEUX.	SOUS-PRÉFECTURES.	LIEUX A CITER.
75	Loiret.	Orléans	Pithiviers, Montargis, Gien.	Beaugency.
76	Eure-et-Loir	Chartres	Dreux, Châteaudun, Nogent-le-Rotrou.	Brétigny.
77	Loir-et-Cher	Blois	Vendôme, Romorantin.	Chambord.
78	Indre-et-Loire.	Tours	Loches, Chinon.	Amboise, la Haye-Descartes, Plessis-lès-Tours.
79	Cher	Bourges	Saint-Amand, Sancerre.	Vierzon.
80	Indre	Châteauroux	Issoudun, la Châtre, le Blanc.	Argenton.
81	Nièvre.	Nevers.	Cosne, Clamecy, Château-Chinon.	Pouilly, Fourchambault.
82	Allier	Moulins	Gannat, la Palisse, Montluçon.	Vichy, Bourbon-l'Archambault, Commentry.
83	Creuse.	Guéret.	Aubusson, Bourganeuf, Boussac.	
84	Haute-Vienne	Limoges	Saint-Yrieix, Bellac, Rochechouart.	
85	Corrèze	Tulle	Ussel, Brives.	Turenne.
86	Cantal.	Aurillac	Saint-Flour, Mauriac, Murat.	
87	Puy-de-Dôme	Clermont-Ferrand	Riom, Thiers, Issoire, Ambert.	Le Mont-Dore, Royat.
88	Vaucluse.	Avignon	Orange, Carpentras, Apt.	Cavaillon, Crillon.
89	Corse	Ajaccio	Bastia, Sartène, Corte, Calvi.	Saint-Florent.

COLONIES FRANÇAISES.

En Asie : *Pondichéry, Karikal, Yanaon, Mahé, Chandernagor, Saïgon* et son territoire dans l'Indo-Chine (316,000 habitants).

En Amérique : la *Martinique*, la *Guadeloupe* et ses dépendances, la *Guyane*, les îles *Saint-Pierre* et *Miquelon* (290,000 habitants).

En Océanie : les îles *Marquises*, la *Nouvelle-Calédonie*, les îles *Pomotou* et *Toubouaï*, *Taïti*, *Wallis* (99,500 habitants).

En Afrique : le *Sénégal*, les comptoirs de *Guinée*, les îles *Bourbon* ou de la *Réunion*, *Sainte-Marie*, *Mayotte* et *Nossi-Bé* (212,000 habitants).

Total de la population coloniale : 917,500 habitants.

Et enfin, en Afrique, l'*Algérie*, qui sera l'objet d'une étude particulière.

VINGT-DEUXIÈME SÉANCE.

Chemins de fer. — Grands canaux. — Routes qui sillonnent
la France. — Télégraphie électrique.

CHEMINS DE FER.

Six grandes lignes principales, partant de Paris, composent, avec leurs embranchements, le réseau des chemins de fer français. Elles établissent une communication rapide entre la capitale et tous les grands centres industriels, commerciaux, militaires et maritimes, et se relient aux lignes des nations continentales voisines.

Ce réseau d'ensemble se subdivise ainsi qu'il suit :

Réseau du nord,

Réseau de l'est,

Réseau de l'ouest,

Réseau d'Orléans,

Réseau de Paris-Lyon-Méditerranée,

Réseau du midi,

La banlieue de Paris, etc., etc.

Nous ne croyons pas devoir entrer ici dans le détail de ces lignes et de leurs divers embranchements. Nous nous bornons à renvoyer les professeurs et les élèves aux indicateurs des chemins de fer, qui renferment à cet égard les renseignements les plus méthodiques et les plus complets.

——

La banlieue de Paris est desservie par quelques chemins de fer spéciaux.

Un chemin de fer de ceinture rattache, autour de Paris, les différentes gares les unes aux autres.

GRANDS CANAUX.

Les canaux sont des cours d'eau artificiels creusés de main d'homme, et qui ont pour but, soit de suppléer au défaut de voies navigables, soit de mettre en communication deux fleuves, soit de relier deux versants de mer.

Les principaux canaux sont :

1° *Canal de l'Est* ou du *Rhône au Rhin*, qui unit ces deux fleuves en empruntant une partie du cours du Doubs, et en joignant cette rivière à la Saône, faisant communiquer, par ces deux bassins, la mer Méditerranée avec la mer du Nord.

2° *Canal de Saint-Quentin*, qui joint la Somme à l'Escaut et à l'Oise, allant de Saint-Quentin à Cambrai.

3° *Canal de Bourgogne*, qui joint l'Yonne à la Saône, faisant communiquer la Méditerranée avec la Manche par les bassins du Rhône et de la Seine.

4° *Canal du Centre*, qui joint la Saône à la Loire, faisant communiquer la Méditerranée avec le golfe de Gascogne ou l'Atlantique.

5° *Canal du Midi* ou *du Languedoc*, qui joint la Méditerranée avec l'Océan par les bassins de l'Aude, de la Garonne et de l'Hérault. Il part de Toulouse, passe à Castelnaudary, atteint l'Aude à Carcassonne, l'Hérault à Agde, où il débouche dans la Méditerranée.

6° *Canal de la Marne au Rhin*, d'Épernay à Strasbourg, par Vitry, Bar-le-Duc, Frouard, Nancy, Sarrebourg, Saverne.

7° *Canal de Briare, canal du Loing, canal d'Orléans, canal du Nivernais,* qui tous joignent la Seine à la Loire.

8° *Canal des Ardennes*, qui joint la Meuse à l'Aisne, et par suite à la Seine.

9° *Canal de Nantes à Brest.*

10° *Canal de l'Ourcq*, qui commence près de la Ferté-Milon (Aisne), passe à Meaux et finit à Paris.

ROUTES QUI SILLONNENT LA FRANCE.

Indépendamment de ses réseaux de chemins de fer, qui mettent en communication tous les points du territoire, et des voies navigables si utiles à l'industrie et au commerce, la France est en possession d'un système de routes de terre tellement nombreuses, que leur simple nomenclature prendrait un temps considérable. Il suffira de dire qu'il n'existe pas une bourgade qui ne dispose d'au moins une route qui la relie au chef-lieu de canton.

La viabilité se divise ainsi :

1° *Routes nationales*, créées dans un intérêt général et entretenues aux frais de l'État. Elles se partagent elles-mêmes en trois classes déterminées par leur largeur.

2° *Routes départementales*, entretenues aux frais des départements, dans l'intérêt desquels elles ont été créées.

3° *Routes communales* et chemins vicinaux, spécialement établis en faveur de l'industrie agricole, sur laquelle ils exercent une si grande influence. Ce n'est

guère que sous ce dernier rapport que la viabilité a
de nouveaux progrès à faire.

TÉLÉGRAPHIE ÉLECTRIQUE.

Le télégraphe électrique, cette admirable découverte faite de nos jours, qui fait communiquer la pensée
de tous les points du globe avec la rapidité de l'éclair,
se multiplie de toutes parts. Le long des chemins de
fer et sur les routes principales dans le voisinage desquelles n'existent pas de voies ferrées, s'élèvent des
poteaux de support pour les fils télégraphiques, qui
desservent actuellement à peu près toutes les villes de
la France.

VINGT-TROISIÈME SÉANCE.

**Situation des grands centres de population dans les bassins
et sur fleuves. — Statistique.**

1° Versant de la mer du Nord.

Bassin de la Moselle, de la Meuse et de l'Escaut.
— Principaux centres de population :

Nancy, sur la Meurthe, chef-lieu du département
de ce nom ; 52,000 habitants.

Sedan, sur la Meuse, 15,000 habitants, centre d'une
grande fabrication de drap.

Lille, sur la Deule, chef-lieu du département du

Nord; 120,000 habitants. Place de guerre de premier ordre. Cette ville possède d'importantes filatures et des usines considérables.

2° Versant de la Manche.

Bassins de la Somme et de la Seine. *Amiens*, sur la Somme, chef-lieu du département, 57,000 habitants.

Reims, sur la Vesle, sous-préfecture du département de la Marne; 70,000 habitants. Renommée pour ses filatures de laine et son commerce de vin de Champagne.

Saint-Quentin, sous-préfecture de l'Aisne, centre manufacturier important, place forte.

Paris, capitale de la France, 1,800,000 habitants.

Rouen, sur la Seine, chef-lieu du département de la Seine-Inférieure; 105,000 habitants. Filatures de coton, grand centre commercial et port marchand. Patrie de Corneille.

Le Havre, sous-préfecture du même département; 67,000 habitants. Place forte et l'un des ports de commerce les plus actifs. Patrie de Casimir Delavigne.

Caen, sur l'Orne, chef-lieu du département du Calvados; 42,000 habitants. Patrie de Malherbe.

Cherbourg, sous-préfecture de la Manche; 40,000 habitants. Port militaire de 1re classe.

ANGLETERRE

MER DU NORD

LA MANCHE

OCÉAN ATLANTIQUE

MER DE FRANCE

BELGIQUE

ALLEMAGNE

SUISSE

ITALIE

ESPAGNE

MER MÉDITERRANÉE

TABLEAU DES ANCIENNES PROVINCES

I FLANDRE	XIV LANGUEDOC	XXVII ANGOUMOIS
II ARTOIS	XV ROUSSILLON	XXVIII POITOU
III PICARDIE	XVI BRETAGNE	XXIX AUNIS
IV NORMANDIE	XVII MAINE	XXX SAINTONGE
V ILE DE FRANCE	XVIII ANJOU	XXXI GUYENNE
VI CHAMPAGNE	XIX TOURAINE	XXXII GASCOGNE
VII LORRAINE	XX ORLÉANAIS	XXXIII BÉARN
VIII	XXI BERRY	XXXIV C.té DE FOIX
IX BOURGOGNE	XXII NIVERNAIS	
X FRANCHE COMTÉ	XXIII BOURBONNAIS	A COMTAT
XI LYONNAIS	XXIV AUVERGNE	B CORSE
XII DAUPHINÉ	XXV MARCHE	C D.té DE SAVOIE
XIII PROVENCE	XXVI LIMOUSIN	D C.té DE NICE

SIGNES CONVENTIONNELS

Capitales de Provinces	⚭	Villes ou Bourgs
Chefs lieux de Départements	◉	Canaux
Chefs lieux d'Arrondissem.t	○	Limites des Provinces
Archevéchés		Limites des Départements
Évéchés		Limites de la France

N. B. Nous n'avons indiqué ici que les cours d'eau qui donnent leurs noms aux Départements.

FRANCE
divisée
en Départements
dressée sous la direction
DE M.r E. CHEVALET
par
P. MINETEAU Géographe

3° VERSANT DE LA MER DE FRANCE.

BASSINS DE LA VILAINE ET DE LA LOIRE.

Rennes, chef-lieu du département d'Ille-et-Vilaine, sur la Vilaine; 46,000 habitants.

Brest, sous-préfecture du Finistère; 58,000 habitants. Port de guerre de première classe.

Nantes, sur la Loire, chef-lieu du département de la Loire-Inférieure; 110,000 habitants. Port de commerce de grande importance.

Le Mans, sur la Sarthe, chef-lieu du département de la Sarthe; 35,000 habitants. Commerce de volailles.

Angers, sur la Maine, chef-lieu du département de Maine-et-Loire; 51,000 habitants.

Tours, sur la Loire, chef-lieu du département d'Indre-et-Loire; 39,000 habitants. Patrie de Rabelais et d'Honoré de Balzac.

Orléans, sur la Loire, chef-lieu du département du Loiret; 48,000 habitants.

Bourges, sur l'Auron, chef-lieu du département du Cher; 28,000 habitants.

Clermont-Ferrand, sur le Lachon, affluent de l'Allier, chef-lieu du département du Puy-de-Dôme; 39,500 habitants. Grand commerce de pâtes dites d'Auvergne et conserves de fruits.

Limoges, sur la Vienne, chef-lieu du département de la Haute-Vienne; 48,000 habitants. Grandes fabriques de porcelaines.

BASSINS DE LA CHARENTE, DE LA GIRONDE ET DE L'ADOUR.

Angoulême, sur la Charente, chef-lieu du département de ce nom; 24,000 habitants. — *Cognac,* sous-préfecture, et *Jarnac,* centres commerciaux pour les eaux-de-vie.

Poitiers, sur le Clain, affluent de la Vienne, chef-lieu du département de ce nom; 39,000 habitants.

Rochefort, à l'embouchure de la Charente, sous-préfecture du département de la Charente-Inférieure; 30,000 habitants. Port militaire de première classe.

Bordeaux, chef-lieu du département de la Gironde; 152,000 habitants. Port de commerce de premier ordre.

Montauban, sur le Tarn, chef-lieu du département de Tarn-et-Garonne; 26,000 habitants.

Pau, sur le Gave de Pau, chef-lieu du département des Basses-Pyrénées; 20,000 habitants. Patrie de Henri IV et de Bernadotte.

4° VERSANT DE LA MÉDITERRANÉE.

BASSIN DU RHÔNE.

Dijon, sur l'Ouche, affluent de la Saône, chef-lieu du département de la Côte-d'Or; 35,000 habitants.

Besançon, sur le Doubs, chef-lieu du département de ce nom; 45,000 habitants. Place forte; manufactures d'horlogerie.

Lyon, chef-lieu du département du Rhône, sur le

Rhône et la Saône; 300,000 habitants. Tissus de soie et commerce considérable. Place forte.

Saint-Étienne, chef-lieu du département de la Loire; manufacture d'armes; 96,000 habitants. Manufactures de rubans, ville très-industrielle; bassins houillers.

Marseille, chef-lieu du département des Bouches-du-Rhône; 235,000 habitants. Très-grand port de commerce.

Avignon, sur le Rhône, chef-lieu du département de Vaucluse, résidence des papes de 1308 à 1377; 38,000 habitants. Manufactures de soieries.

Nîmes, sur la Vistre, chef-lieu du département du Gard; 55,000 habitants. Manufactures de soieries.

Montpellier, sur le Lez, chef-lieu du département de l'Hérault; 50,000 habitants. Grand commerce d'eaux-de-vie, de produits chimiques et de plantes médicinales.

Toulouse, sur la Garonne, chef-lieu du département de la Haute-Garonne; 105,000 habitants.

Carcassonne, sur l'Aude, chef-lieu du département de ce nom; 20,500 habitants.

Perpignan, sur le Tet, chef-lieu du département des Pyrénées-Orientales, place forte; 24,000 habitants.

Chambéry, sur le Bourget, chef-lieu du département de la Savoie; 20,000 habitants.

Nice, sur le golfe de Gènes, chef-lieu du département des Alpes-Maritimes; 45,000 habitants.

STATISTIQUE.

Population. — La population de la France, qui n'était que de 25 millions en 1789, s'élève aujourd'hui à plus de 36 millions.

La population et le territoire sont des éléments considérables de puissance, mais dont les deux termes ne sont pas toujours en proportion. Si la Russie, par exemple, avec son immense étendue, avait, par kilomètre carré, autant d'habitants que la France, sa population, qui n'est que de 72 millions, dépasserait 200 millions.

En calculant le chiffre de la population des nations de l'Europe par kilomètre carré, l'avantage appartient incontestablement à la Belgique qui en compte 158, tandis que la France n'en a que 68 et la Russie 12.

Agriculture. — Par sa position et son climat, la France réunit les productions les plus variées. On la partage sous ce rapport en cinq zones dont les lignes sont dirigées du Sud-Ouest au Nord-Ouest. A mesure qu'on avance vers le Nord-Ouest, les cultures des pays chauds disparaissent : au delà de la première zone, plus d'orangers ; au delà de la seconde, plus d'oliviers ; au delà de la troisième, plus de maïs ; au delà de la quatrième, plus de vignobles ; le pommier et le houblon en tiennent lieu, et le vin est remplacé par le cidre et la bière.

Céréales. — Le produit annuel des céréales est éva-
lué à 3 milliards. Les départements les plus riches en
blé sont, en général, ceux du Nord et particulièrement
l'Eure-et-Loir (ancienne Beauce), la Seine-et-Marne
et l'Aisne.

Prairies. — Elles se trouvent en général dans le
Nord-Ouest, principalement en Normandie.

Vignes. — La vigne est cultivée dans 76 départements, dont les principaux sont la Gironde, la Côte-d'Or
et la Marne. Son produit s'élève annuellement à un
milliard.

Bois. —Les forêts, qui ne couvrent plus que les $\frac{17}{100}$
de la surface du sol, sont principalement dans les Vosges, le Jura, les Cévennes. Leur production annuelle
est de 200 millions.

En résumé, le revenu agricole de la France s'élève
à environ 5 milliards.

Richesses animales. — L'espèce bovine compte
environ 10 millions de têtes; les races laitières sont en
Bretagne, en Normandie et en Flandre; les races tra-
vailleuses sont en Limousin, en Auvergne et en Gascogne. — L'espèce ovine est évaluée à 32 millions de
têtes; les plus beaux moutons se trouvent en Berri.
— L'espèce chevaline est de 3 millions de têtes. Les
chevaux de luxe français sont fournis par la Normandie et le Limousin; ceux de grosse cavalerie et de trait
viennent de la Flandre, du Bourbonnais, des Ardennes,
du Perche, de la Bretagne, du Poitou et de la Franche-

Comté ; ceux de la cavalerie légère viennent du Centre et du Midi : Auvergne, Limousin, Basse-Navarre. Les deux principaux haras sont ceux d'Arnac-Pompadour (Corrèze) et du Pin (Orne). Ils fournissent des étalons à de nombreux dépôts dont les plus considérables sont ceux d'Abbeville, d'Angers, de la Roche-sur-Yon, de Tarbes et de Pau. — L'espèce porcine se trouve principalement en Lorraine, Champagne, Normandie, Limousin et Béarn. — Les volailles les plus réputées sont celles du Maine et de la Bresse. — En résumé, les richesses animales de la France représentent un revenu de 1 milliard 500 millions.

Richesses minérales. — La France, dont le sol se compose de presque toutes les espèces de terrains, possède d'abondantes richesses minérales. Le marbre, le porphyre, le granit, l'albâtre et le cristal se trouvent en général dans les départements montagneux ; l'ardoise, le kaolin, la pierre meulière, la pierre lithographique, sont une source précieuse de revenus.

Le fer est exploité dans un grand nombre de départements ; on trouve dans quelques endroits des mines de plomb argentifère sans grande importance ; il en est de même des mines de cuivre et de zinc. La houille est exploitée sur une assez grande échelle dans le Nord, dans Saône-et-Loire et dans la Loire ; mais les produits sont encore insuffisants pour la consommation.

Les substances salines donnent un revenu d'à peu près 10 millions par an.

Les principales sources d'eaux minérales sont : Plombières (Vosges) ; Bourbonne-les-Bains (Haute-Marne) ; Bourbon-Lancy (Saône-et-Loire) ; Vichy, Néris (Allier) ; Mont-Dore, Royat, Châtel-Guyon (Puy-de-Dôme) ; Aix-les-Bains (Savoie). Dans le Midi, Amélie-les-Bains, Bagnères-de-Luchon, Bagnères-de-Bigorre, Baréges, Cauterets, Eaux-Bonnes.

Industrie. — L'industrie française est la première du monde pour les articles de goût et de luxe, et dans les autres genres elle n'est surpassée par aucune autre industrie étrangère. Elle compte environ 12 millions de manufacturiers et d'artisans des deux sexes, 40,000 fabriques ou usines, et sa production annuelle s'élève à 5 milliards (produit net). Les groupes d'industrie les plus marquants sont les suivants : *Industrie des tissus*, filatures de coton, de lin, de laine, de soie, dentelles, broderies. — *Industrie des métaux*, usines pour le fer, fonderies de cuivre et d'acier, coutellerie, quincaillerie. — *Verrerie, cristaux, glaces, faïences, porcelaines.* — *Typographie, horlogerie, instruments de mathématiques, de physique, d'optique, instruments de musique.* — *Papeterie, peausserie, huiles, savons, sucre.* — *Industrie de luxe ou articles Paris* comprenant la bijouterie, orfévrerie, bronze, chapellerie, ébénisterie, carrosserie, sellerie, tabletterie.

Commerce. — Le commerce intérieur de la France

s'élève à 6 milliards et demi. Le commerce extérieur atteint le chiffre de 8 milliards. La marine marchande occupe 18,000 bâtiments dont 400 à vapeur.

VINGT-QUATRIÈME SÉANCE.

Algérie. — Ses limites, son étendue. — Aperçu historique de la conquête. — Versants et bassins. — Côtes, etc. — Divisions administratives et politiques, etc.

Avant d'être conquise par la France, la régence d'Alger était l'un des États barbaresques du nord de l'Afrique. Aujourd'hui, ce que nous possédons sous le nom d'Algérie a pour limites : au Nord, la mer Méditerranée ; à l'Ouest, l'empire du Maroc ; à l'Est, la régence de Tunis ; au Sud, le grand désert du Sahara. Ces dernières limites sont tout à fait indécises.

L'Algérie est située entre le 32e et le 37e degré de latitude sud, et le 6e degré de longitude est et le 4e degré de longitude ouest. Le développement des côtes est de 900 kilomètres environ ; la profondeur du pays soumis à notre domination varie de 120 à 160 lieues.

Les pirateries des Algériens furent réprimées à diverses reprises par les nations européennes, notamment par Charles-Quint et par Louis XIV, qui envoya, en 1664, une escadre commandée par Duquesne, laquelle débarqua à Djidjelli. Enfin, en 1830, la France résolut de punir sévèrement le dey d'Alger de ses

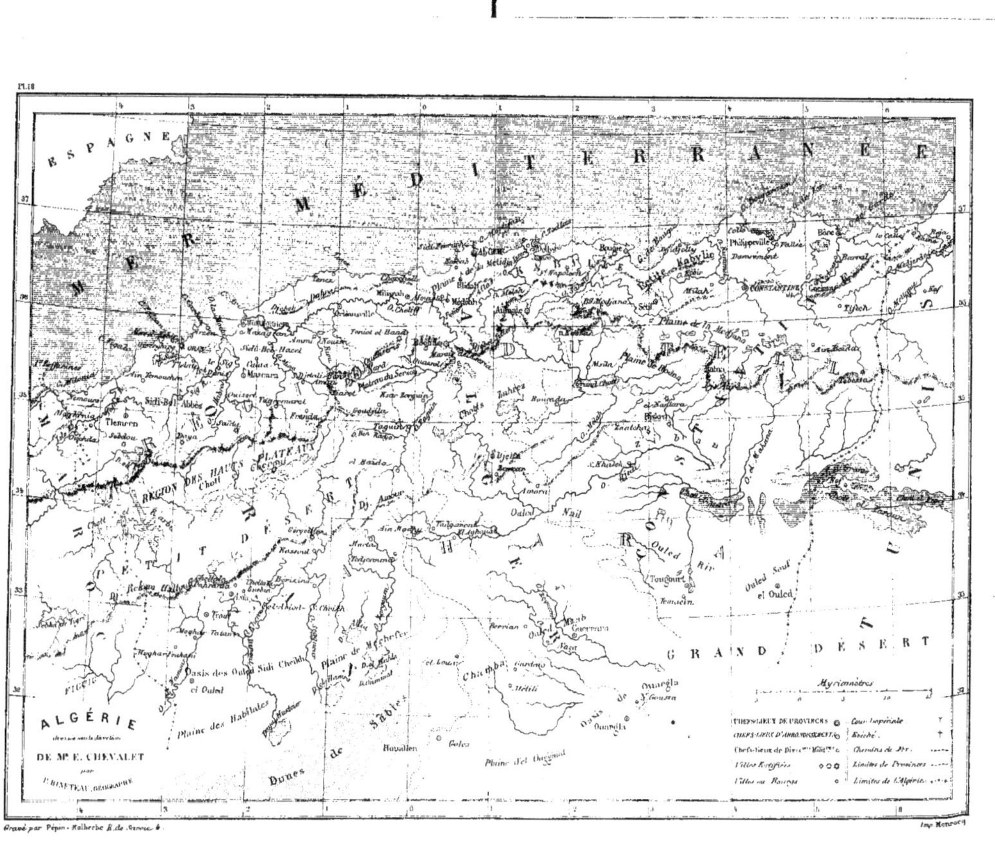

Pl. 16
ESPAGNE
MER MÉDITERRANÉE
ALGÉRIE
dressée sous la direction
DE Mr E. CHEVALET
par
P. BINETEAU, Géographe
RÉGION DES HAUTS PLATEAUX
PETIT DÉSERT
GRAND DÉSERT
Plaine des Habitlates
Dunes de Sable
FIGIG
CONSTANTINE
ALGER
Oran
Tlemcen
Philippeville
Bône
Mascara
Médéah
Sétif
Plaine de la Medjana
Ouled Naïl
Oasis des Ouled Sidi Cheikh el Ouled
Ouled Souf el Ouled
Touggourt
Ouargla
Myriamètres
CHEFS-LIEUX DE PROVINCES   Cour Impériale
CHEFS-LIEUX D'ARRONDISSEMENT   Évêché
Chefs-lieux de Divns Militres   Chemins de Fer
Villes fortifiées   Limites de Provinces
Villes ou Bourgs   Limites de l'Algérie
Gravé par Pépin - Malherbe R. de Seine 6
Imp. Monrocq

exactions et de ses insolences. Nos premiers succès déterminèrent la conquête définitive de l'Algérie, dont nous allons donner un court aperçu historique. Voici les faits principaux :

1830. — Victoire de Staouëli, prise d'Alger (général de Bourmont).

1831. — Occupation d'Oran (général Boyer).

1833. — Prise de Bône (général Monk d'Uzer), et de Bougie (général Trézel).

1834. — Prise d'Arzew et de Mostaganem (général Desmichels).

1835. — Expédition malheureuse de la *Macta* contre Abd-el-Kader, avec qui l'on traite.

1836. — Occupation de Tlemcen (maréchal Clauzel).

1837. — Le général Bugeaud signe avec Abd-el-Kader le traité de la *Tafna*, par lequel l'émir reconnaît notre souveraineté en Afrique, mais reçoit en échange la province d'Oran, celle de Tittery et une partie de celle d'Alger.

— Prise de Constantine (général Danrémont, maréchal Valée).

1838. — Fondation de Philippeville. — Prise de Blidah.

1839. — Occupation de Djidjelli, expédition des Portes-de-Fer pour établir la communi-

cation entre Alger et Constantine (duc
d'Orléans).

1840. — Défense héroïque de Mazagran (capitaine
Lelièvre); prise du col de Mouzaïa (duc
d'Orléans); occupation de Cherchell, de
Médéah et de Milianah.

1841-1842. — Prise des places concédées à Abd-
el-Kader.

1843. — Prise de la *Smala* d'Abd-el-Kader (duc
d'Aumale).

1844. — Guerre avec le Maroc, bombardement de
Tanger et Mogador (prince de Joinville);
bataille d'Isly (14 août), traité avec le
Maroc (maréchal Bugeaud).

1847. — Abd-el-Kader, battu par les Marocains,
obligé de s'enfuir sur le territoire algérien, se voit cerné par les troupes fran-
caises et se rend au général de Lamo-
ricière.

1848. — Établissement des colonies agricoles.

1849. — Répression de révoltes partielles; affaire
de *Zaatcha* (colonel Pélissier).

1851. — Expédition de la Petite-Kabylie (général
de Saint-Arnaud).

1852. — Deuxième expédition de la Petite-Kabylie
(général de Mac-Mahon).

1852-1855. — Expéditions qui assurent définitivement notre domination.

1855. — Développement des travaux publics, création de villages, routes, etc., exploitation des mines.

1857. — Expédition de la Grande-Kabylie (maréchal Randon).

1862. — Ouverture du premier chemin de fer en Afrique.

Depuis 1835, la colonie est administrée par un gouverneur général (général comte Drouet d'Erlon, maréchal Clauzel, général Danrémont, maréchal Valée, maréchal Bugeaud, le duc d'Aumale, généraux Cavaignac, Changarnier, Charon, maréchaux comte Randon; Pélissier, duc de Malakoff; de Mac-Mahon, duc de Magenta, et général Chanzy).

L'Algérie présente trois grandes divisions naturelles, que déterminent les chaînes parallèles de l'Atlas : le *Tell*, la région des *Sersous* (hauts plateaux), des *Chotts* (lacs, marais), et celle du Sahara algérien. Cependant, l'usage a prévalu de n'admettre que deux grandes régions, le *Tell* et le *Sahara*.

Les trois chaînes de l'Atlas partagent l'Algérie en trois zones parallèles :

1° La zone septentrionale, correspondant au Tell, entre le moyen Atlas et la Méditerranée;

2° La zone centrale, correspondant à la région des Chotts, dans lesquels se jettent les cours d'eau.

3° La zone méridionale, comprenant le Sahara algérien.

Quant aux bassins, surtout pour les deux dernières zones, il n'est guère possible de les déterminer. Les rivières de l'Atlas ne traversent pas de larges vallées ; elles roulent confusément sans direction, sans lit et même sans nom, en contournant péniblement des montagnes qui brisent leurs cours.

Dans la région du Tell, les cours d'eau qui méritent d'être cités sont les suivants :

1° La *Zaïne,* qui sépare la province de Constantine de la régence de Tunis ;

2° La *Seybouse,* qui passe à Guelma et finit à Bône ;

3° Le *Rummel,* qui arrose Constantine ;

4° L'Oued-*Sahel,* qui arrose Aumale et finit à Bougie ;

5° L'Oued-*Hamise,* qui arrose la plaine de la Métidja et finit dans la rade d'Alger ;

6° Le *Chéliff,* le plus important cours d'eau de l'Algérie, arrose Boghar, Orléansville, et finit près de Mostaganem ;

7° La *Macta,* formée de l'*Hamman* et du *Sig,* qui passe à Sidi-bel-Abbès ;

8° La *Tafna,* qui se grossit de l'*Isly.*

Les côtes sont découpées par une infinité de petits golfes, trop peu profonds pour mettre les bâtiments à l'abri des vents et offrir de bons mouillages. Il faut faire une exception pour la rade d'Alger, qui est un excellent port. Citons les golfes de Bône, de Stora, de Bougie, d'Arzew et d'Oran, et les ports de Philippeville, Djidjelli, Dellys, Cherchell, Mostaganem, Mers-el-Kébir et Nemours.

Les caps sont en grand nombre : cap de Fer, cap Boujaroun, cap Ténès, cap Falcon, etc.

Le Tell, bien que situé dans une zone montagneuse formée de groupes tortueux, coupés de brèches par lesquelles s'élancent des torrents, renferme des vallées et des plaines d'une extrême fertilité (la *Métidja*, dans la province d'Alger ; la *Medjana*, dans la province de Constantine).

La région des Chotts forme une zone transitoire entre la riche végétation du Tell et la stérilité du Sahara. Au milieu des steppes de cette contrée, on rencontre des lacs et des marais dont les principaux sont : le *Grand-Chott,* qui couvre une grande partie de la plaine du *Hodna ;* les deux *Chotts Zahrez,* le *Chott-el-Chergui* et le *Chott-el-R'arbi.* On trouve aussi de ces nappes d'eau dans le Tell.

Le Sahara est la région des sables et des oasis. Les oasis que l'on peut citer sont celles des *Ziban,* de l'*Ouled-Souf,* de l'*Ouled-Rir,* de l'*Ouargla* et de l'*Ouled-Mzab.* On y trouve également le *Chott-el-Melrir,* qui n'a pas moins de 300 kilomètres de longueur et dans lequel, dans la saison des pluies, se jette le *Djedi,* le seul grand cours d'eau de cette région que l'on puisse citer.

L'Algérie est divisée en trois grandes provinces qui s'étendent du Nord au Sud, depuis la mer jusqu'aux extrêmes limites de la colonie, de sorte qu'elles renferment chacune une partie du Tell, de la région des Chotts et du Sahara algérien. Ce sont : la *province de Constantine*, à l'Est ; la *province d'Alger*, au milieu, et la *province d'Oran*, à l'Ouest.

Chacune de ces provinces se divise administrativement en territoires civils et en territoires militaires.

Les *territoires civils* sont ceux où, l'élément européen ayant pris plus de développement, l'administration est confiée à des fonctionnaires civils.

Les *territoires militaires* sont ceux où, l'élément européen étant fusionné avec l'élément indigène, l'administration est entièrement confiée à des officiers supérieurs assistés de bureaux arabes pour toutes les affaires qui concernent spécialement les indigènes.

Les *bureaux arabes* sont chargés, sous le contrôle des commandants de divisions, subdivisions et cercles, de tout ce qui intéresse le gouvernement et l'administration des tribus, de la direction et de la surveillance des agents indigènes, de préparer l'assiette de l'impôt, de la police, des travaux d'utilité publique.

Pour bien comprendre comment fonctionnent les bureaux arabes, il est indispensable de connaître l'organisation politique des indigènes. C'est à M. de Serlay que nous empruntons ces utiles renseignements.

La réunion de quelques tentes forme un *Douair*,

qui correspond à notre hameau et que l'on considère comme la base de la constitution sociale des Arabes. Plusieurs douairs forment le *Ferkak,* qui obéit à un *Cheïck.* Plusieurs *Ferkaks* constituent la tribu, qui a pour chef un *Caïd.* La réunion de plusieurs tribus en *Aghalik,* sous un *Agha,* de plusieurs *Aghaliks* en *Khalifat,* sous un *Khalif* ou lieutenant, permet au gouvernement d'avoir une autorité plus grande sur les tribus par leurs chefs, qu'il s'attache par des distinctions honorifiques et surtout par de gros traitements.

Le *Cheïk,* nommé par le commandant de la subdivision, sur la proposition du *Caïd,* administre sa *Ferka* comme un maire administre sa commune ; le *Caïd* est nommé par le commandant de la division, perçoit l'impôt, est chargé de la police intérieure et est directement responsable de l'exécution des ordres du commandant français.

Les *Aghas* sont nommés par le gouverneur général ; ils surveillent les *Caïds,* centralisent les opérations relatives à l'impôt, et commandent les contingents armés, convoqués par l'autorité militaire.

Les *Khalifs* sont également nommés par le gouverneur général : ils exercent sur leur territoire une autorité politique et administrative. Enfin, il y a dans chaque tribu, dans chaque ville, auprès de chaque bureau arabe, un *Khadi* qui rend la justice d'après la jurisprudence des indigènes et leur religion.

Sans le contrôle incessant des bureaux arabes et de l'autorité supérieure, la connivence des divers chefs indigènes pourrait donner lieu à des concussions et à des abus nombreux; dès lors les relations entre ces derniers et les colons européens seraient presque impossibles.

Chacune des provinces de l'Algérie (territoire civil et territoire militaire) forme une division, et chaque division comprend plusieurs subdivisions. En voici le tableau :

PROVINCES.	SUBDIVISIONS.
Alger.	Alger, Dellys, Aumale, Médéah, Milianah, Orléansville.
Oran	Oran, Mostaganem, Sidi-bel-Abès, Mascara, Tlemcen.
Constantine	Constantine, Bône, Batna, Sétif.

Départements de l'Algérie. — L'ensemble des territoires civils de chaque province forme un département et se subdivise en arrondissements. Chaque département est administré par un préfet, et chaque arrondissement par un sous-préfet. Il y a près de chaque préfet un conseil de préfecture, et dans chaque département un conseil général.

La préfecture d'*Alger* a pour sous-préfecture *Blidah*;

La préfecture d'*Oran* a pour sous-préfecture *Mostaganem*;

La préfecture de *Constantine* a deux sous-préfec-
tures : *Bône* et *Philippeville*.

Chaque arrondissement se subdivise en communes
et territoires administrés par des commissaires civils
qui sont à la fois maires et juges de paix.

Villes principales de l'Algérie. — *Alger*, capitale
de la colonie, 60,000 habitants, dont 37,000 Européens; siége d'une cour d'appel. La sous-préfecture
et les subdivisions militaires font connaître les noms
des autres villes, toutes situées dans le Tell.

Constantine, chef-lieu de la province et du département; 47,000 habitants dont 30,000 indigènes.
Indépendamment des villes de cette province que nous
avons citées, nous indiquerons *Guelma*, et dans les
oasis du Sahara, *Zaatcha*, pris d'assaut en 1849, *Tou-
gourt* et *Ouargla*.

Oran, chef-lieu de la province et du département;
23,000 habitants dont 8,000 indigènes. Ajoutons aux
villes de cette province que nous connaissons déjà,
Géryville, dans une oasis du Sahara algérien.

Circonscriptions judiciaires et ecclésiastiques.
— Les Européens qui résident dans la colonie étant
régis par les lois de la métropole, l'Algérie comporte
une circonscription judiciaire établie sur le même modèle qu'une circonscription de cour d'appel en France.

Le siége de la cour d'appel est à Alger. Chaque
chef-lieu de préfecture possède un tribunal civil de
première instance et une cour d'assises et chaque

sous-préfecture un tribunal civil. Il se trouve également ·
ment des tribunaux de commerce dans ces mêmes
localités.

La colonie ne forme encore qu'un diocèse dont
l'évêque est à Alger. Une paroisse est établie dans la
plupart des villes où sont groupés des Européens, qui
appartiennent presque tous à la religion catholique.

L'armée d'Afrique ne s'est pas seulement distinguée
par ses exploits militaires, elle a encore assuré la sé-
curité de la colonie en y ouvrant des routes qui mettent
en communication presque tous les centres de population des territoires civils, et en construisant des
lignes de postes fortifiés qui mettent désormais nos
possessions à l'abri des attaques des indigènes.

C'est ainsi que la province de Constantine est défendue par les forts de *Batna, Bou-Saada* et *Biskra ;*
celle d'Alger, par les forts d'*Aumale,* de *Boghar* et
de *Tenied-el-Haad ;* celle d'Oran, par les points fortifiés de *Tiaret,* de *Saïda,* de *Daya* et *Sebdou.*

Ajoutons que *Sétif, Bougie, Djidjelli* et *Constantine*
entourent d'un cercle les massifs de la Petite-Kabylie;
que le *fort Napoléon,* construit par les ordres du maréchal Randon, observe et contient la Grande-Kabylie,
et que *Tebessa* et *Souk-Arrhas,* sur la frontière de la
Tunisie, et *Lalla-Maghrnia* sur celle du Maroc, com-
plètent le système de défense de l'Algérie.

Chemins de fer. — Un décret du 8 avril 1857 a

décidé la création d'un premier réseau de chemins de fer algériens, comprenant :

1° Une grande ligne parallèle à celle des côtes et se dirigeant, à l'Ouest, sur Oran par Blidah, Orléansville et Saint-Denis-du-Sig, et à l'Est, sur Constantine par Aumale et Sétif ;

2° Des lignes perpendiculaires à la ligne principale, partant des points les plus importants de la côte pour aboutir à la grande ligne, savoir :

De Bône à Constantine, par Guelma ;

De Philippeville à Constantine ;

De Bougie à Sétif ;

D'Alger à Aumale ;

De Tenez à Orléansville ;

D'Oran à Tlemcen.

La construction de ces lignes a eu un commencement d'exécution, et s'est ralentie par suite de diverses circonstances et de difficultés financières.

Un câble sous-marin établit une communication de télégraphie électrique entre la colonie et la métropole.

Population. — Statistique. — La population totale de l'Algérie est d'environ 3,000,000 d'habitants, dont 200,000 Européens, non compris l'armée.

La population indigène se partage ainsi : les *Arabes*, les *Maures*, les *Turcs*, les *Kabyles*.

Les *Arabes* sont les anciens conquérants du pays ; ils habitent la plaine, sont belliqueux, intelligents, très-attachés à leur pays et à leur religion, et n'ont reconnu la domination française qu'après avoir essuyé mille défaites.

Les *Maures* descendent des anciens Mauritaniens et des mélanges des Arabes et des Kabyles avec les Européens ; ils habitent les villes, où ils sont propriétaires et commerçants, mais réputés pour leur mauvaise foi.

Les *Turcs* servent dans les corps indigènes.

Les *Kabyles* ou *Berbères* descendent de ces anciens Numides avec lesquels Jugurtha brava si longtemps la puissance romaine. Ils occupent les montagnes de la Kabylie, sont belliqueux, passionnés pour leur indépendance, agriculteurs, sédentaires et industriels. Ils diffèrent essentiellement des Arabes sous le rapport des mœurs, pratiquent la monogamie et auraient une tendance marquée pour la propriété individuelle.

On trouve encore en Algérie un assez grand nombre de Juifs indigènes, avec lesquels on entretient des rapports faciles ; mais il faut se défier de leur cupidité et de leur fourberie.

Richesses végétales. — Le Tell produit des céréales très-estimées dont la plus grande partie est exportée. Les autres productions agricoles, le riz, le thé, le coton, le mûrier, le tabac, les olives, les figues, les dattes, les oranges, donnent lieu à un mouvement d'affaires considérable. L'Algérie fournit à l'ébénisterie plusieurs essences de bois fort appréciées, entre autres le *tuya.*

Les forêts occupent une superficie de 800,000 hectares.

Richesses minérales. — Le fer, dont les principaux gisements sont à Bône, aux environs de Bougie, de Mouzaïa, de Milianah et de Tlemcen ; le plomb, le cuivre, l'antimoine, le soufre, la magnésie, le sel gemme.

Ces différentes productions sont les principaux articles du commerce extérieur de l'Algérie ; il faut y ajouter les laines, dont il est fait une exportation qui est en moyenne de 6,000,000 de kilogrammes.

SÉANCE COMPLÉMENTAIRE.

Notions de topographie.

Manière de traiter par écrit ce que l'on appelle une reconnaissance militaire. — Rédaction d'un rapport rendant compte d'une reconnaissance faite à la guerre.

Les reconnaissances faites par les officiers d'infanterie ou de cavalerie, et qui ont pour but d'étudier une route, un cours d'eau, un village, etc., se composent de deux parties :

1° Un rapport écrit ;

2° Un levé, fait à grands traits, le plus souvent au crayon, les distances étant mesurées au pas de l'homme ou du cheval.

Un rapport de reconnaissance doit être écrit très-lisiblement ; le style doit en être clair, simple, concis.

On doit orthographier les noms propres avec soin et laisser une marge assez large pour y inscrire le résumé de chaque article.

Ce rapport ne doit pas être rédigé sous forme de lettre, et doit être signé de celui qui a fait la reconnaissance. Il faut y être sobre d'assertions et n'y donner comme certain que ce dont on s'est assuré personnellement. On rend compte néanmoins des faits appris par ouï-dire, mais en précisant les indications positives et celles qui paraissent incertaines ou suspectes.

LECTURE D'UN PLAN TOPOGRAPHIQUE. — SIGNES CONVENTIONNELS.

Le levé, mis à l'appui du rapport, est un levé irrégulier, exécuté pendant la reconnaissance même, au fur et à mesure qu'on s'avance. Les distances sont mesurées, soit au pas, soit d'après le temps qu'on a mis à les parcourir. On juge à l'œil les changements de direction.

Les levés irréguliers doivent se rapprocher le plus possible des levés réguliers, dont ils ne diffèrent que par l'exactitude et le fini du travail ; ces deux sortes de dessins emploient du reste les mêmes signes conventionnels que nous donnons ci-joints, planche 18.

Dans les travaux de topographie irrégulière, les noms des villages, des hameaux, etc., sont écrits, soit à l'écriture courante, soit au moyen d'italiques.

Les mouvements de terrain sont représentés par des courbes (figure 1), qui représentent les intersections avec le terrain de plans horizontaux et parallèles, distants de 5 en 5 ou de 10 en 10 mètres, suivant l'échelle, de manière que cette équidistance des plans soit représentée à l'échelle du dessin par 1/2 millimètre. Ainsi, à l'échelle de $\frac{1}{20\,000}$ ordinairement adoptée pour levés irréguliers, l'équidistance est de 10 mètres, parce que, à cette échelle, 10 mètres sur le terrain sont représentés par 1/2 millimètre sur le papier.

Quelquefois on fait, comme dans les levés réguliers, entre les courbes, des hachures ou traits perpendiculaires à la fois aux deux courbes qu'ils touchent (fig. 1). Les hachures doivent être espacées du quart de leur longueur ; tel est le principe général ; lorsque les courbes sont très-rapprochées, il est impossible d'observer cette loi ; alors on grossit les hachures (fig. 2).

Le dessin doit faire mention de l'équidistance.

Les terres labourées sont indiquées par leurs initiales : T. L., et les autres par les initiales de leurs productions : P, prés ; V, vignes ; S, sables ; M, marais, etc.

Avant d'exercer les élèves à la pratique des levés rapides, il sera bon de les habituer à la lecture des plans topographiques ; on leur enseignera ce que c'est qu'un mamelon, une vallée, un col, un thalweg (voir la figure du levé) ; ils devront être familiarisés avec les différences d'inclinaison des pentes.

ÉTUDE D'UNE ROUTE.

Lorsqu'on a à reconnaître une route dans le but d'y faire passer soit une colonne, soit un convoi, il faut en indiquer la direction et noter tous les obstacles qui peuvent se présenter à droite et à gauche, jusqu'à environ 500 mètres ; tenir compte des embranchements et des sentiers qui y aboutissent et indiquer s'ils sont praticables pour les diverses armes. Si c'est un convoi qui doit suivre cette route, on notera les endroits où il est possible de s'arrêter, de parquer, où il y a de l'eau. On fera connaître si la route est pavée, macadamisée ou en terrain naturel.

ÉTUDE D'UN COURS D'EAU.

Dans la reconnaissance d'un cours d'eau, on en donnera la direction, la largeur, la profondeur ; on dira la nature de son lit et si le courant est rapide. On en reconnaîtra les gués, les ponts, les bacs ; on notera les chemins qui y conduisent, les moulins, les barrages, la hauteur respective des rives afin d'en faire connaître le commandement.

On indiquera, comme pour une route, les accidents de terrain qui peuvent se présenter à droite et à gauche ; s'il y a, dans le voisinage, des bois et quelle est leur nature ; s'il est possible de se procurer des bateaux ; en un mot, on doit chercher toutes les précautions à

Pl. 19
Fig. 1
Fig. 2
Fig. 3
Echelle au 20000
Echelle Simple
Jardin
Château
Sentier
Maison Clôturée
Village
Chemin
Village
Étang
Église
Puits
Chemin de fer
Ferme
Château
Station
Moulin à Vent
Maisons
ROUTE NATIONALE
Vallée
Marais
Carrière
Mamelon
Vallée
Moulin à Eau
L'Équidistance est de 10 Mètres
Canal
FLEUVE
Pont
Route
Départementale
Pont
CARTE D'ÉTUDE
indiquant
les Signes Conventionnels principaux
dressée sous la direction
DE Mr E. CHEVALET
par
P. BINÉTEAU, Géographe
Gravé par Pepin-Malherbe R. de Seine 4.
Imp. Monrocq

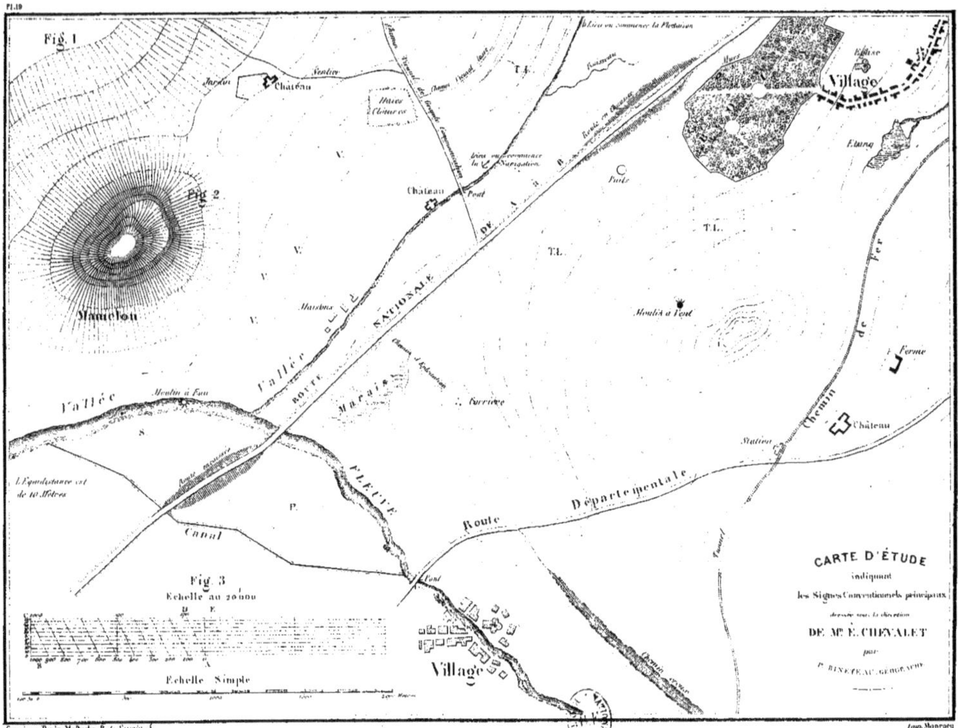

prendre, soit pour traverser les cours d'eau, soit pour en empêcher le passage.

ÉTUDE D'UN EMPLACEMENT PROPRE A RECEVOIR UNE GRAND'GARDE.

Dans une reconnaissance de cette nature, il importe d'indiquer les endroits convenables pour placer les petits postes, les sentinelles et les vedettes. Il faut alors ne rien oublier des détails du terrain, tenir compte des hauteurs, des points de convergence de routes, des sentiers, des bois, des maisons et des chemins qui conduisent de la grand'garde au corps ou au quartier général.

ÉTUDE D'UNE HABITATION PROPRE AU LOGEMENT DE LA TROUPE.

Si l'on veut reconnaître un village, afin d'y loger la troupe, il faut s'assurer du nombre de feux, de la quantité de places qu'il peut fournir, du nombre de bestiaux de tout genre propres à la nourriture, de la quantité de blé et de fourrage dont on peut disposer, etc.

VILLAGE A DÉFENDRE.

Indiquer s'il est *ramassé* ou *étendu*, s'il est bâti en pierres, en briques, en torchis ; s'il est traversé par un cours d'eau ou s'il s'en trouve dans le voisinage qui soient favorables ou nuisibles à la défense; quelles sont les clôtures qui l'entourent, et si elles peuvent être utilisées; quels seraient les obstacles à démolir et les travaux à faire pour la défense. On n'oubliera pas de noter si le village présente vers le centre une habitation ou un bâtiment, tels que l'église, la maison commune, qui pourrait servir de réduit; enfin, on recherchera par où il serait possible de se retirer en cas de retraite.

VILLAGE A ATTAQUER.

Il sera nécessaire d'étudier les points vulnérables, les communications de l'extérieur au centre, les mesures de défense; de savoir aussi exactement que possible le nombre des défenseurs et la disposition d'esprit des habitants, ainsi que les ressources pour l'alimentation.

Souvent les fermes en communication avec les villages sont disposées en carré, avec un bâtiment à l'intérieur pouvant servir de réduit; le rapport doit en faire mention.

Dans la reconnaissance d'un bois, on dira quelle est son étendue, sa configuration, sa nature (haute futaie ou taillis), quelles sortes de percées il présente, etc.

ÉCHELLES DE PROPORTION.

Nous avons déjà dit que l'échelle employée dans les levés irréguliers est généralement celle du $\frac{1}{20\,000}$. On emploie quelquefois celle de $\frac{1}{10\,000}$, lorsqu'on veut représenter avec plus de détail certaines parties du terrain.

Du reste, toutes les échelles se construisent d'après les mêmes principes.

Nous nous bornerons à la description de l'échelle du $\frac{1}{20\,000}$ (fig. 3).

D'abord, quelle que soit l'échelle employée, on recherche par quelle longueur 100 mètres de terrain sont représentés sur le papier; à l'échelle du $\frac{1}{20\,000}$, ils sont représentés par 5 millimètres. Alors on porte sur une droite indéfinie AB neuf longueurs de 5 millimètres. Par le point B on mène une ligne quelconque BC, qu'on divise en dix parties égales, et par les points de division on mène des parallèles à AB.

Par les points de division de AB on mène également des parallèles à BC. La droite CD est ainsi divisée en neuf parties égales à 5 millimètres. A la droite du point D, on porte une division de 5 millimètres qui atteint le point E, que l'on joint par une droite au point A. Le triangle ADE est ainsi coupé par dix parallèles à la base DE, et qui représentent des longueurs de 10, 20, 30 mètres, etc.

Lorsqu'on veut, à l'aide de cette échelle, connaître la distance entre deux points du terrain, on prend, avec le compas, cette distance sur la carte, et, faisant glisser l'une des pointes du compas sur BC ou sur l'une de ses parallèles, on voit sur quelle parallèle à AB l'autre pointe arrive juste à la ligne AE. La longueur, lue sur cette parallèle à AB entre les deux pointes du compas, donne la distance des deux points du terrain.

Ainsi, si l'une des pointes étant placée en K, l'autre arrive sur AE en L, la distance qui sépare les deux points en question est de 750 mètres.

On se contente quelquefois, comme dans l'échelle du levé ci-joint, de porter sur une ligne droite des longueurs de 5 millimètres, en en laissant une à gauche pour donner des fractions plus petites.

Cette échelle, qui peut être construite à l'aide d'un double décimètre seul, est beaucoup plus rapide que les autres, et est souvent suffisante pour le but que l'on se propose dans les levés irréguliers.

FIN.

TABLE DES MATIÈRES

Nancy, imprimerie Berger-Levrault et Cie.

BIBLIOTHEQUE NATIONALE DE FRANCE
3 7502 006 13104 1

www.ingramcontent.com/pod-product-compliance
Lightning Source LLC
LaVergne TN
LVHW021540170726
843501LV00004B/1130